Evolucionismo Cultural

Coleção
ANTROPOLOGIA SOCIAL
fundada por Gilberto Velho
dirigida por Karina Kuschnir

- O Riso e o Risível
  Verena Alberti

- Falando da Sociedade
- Outsiders
  Howard S. Becker

- Antropologia Cultural
  Franz Boas

- O Espírito Militar
- Evolucionismo Cultural
- Os Militares e a República
  Celso Castro

- Nas Redes do Sexo
  María Elvira Díaz-Benítez

- Bruxaria, Oráculos e Magia entre os Azande
  E.E. Evans-Pritchard

- Futuros Antropológicos
  Michael M.J. Fischer

- Nova Luz sobre a Antropologia
- Observando o Islã
  Clifford Geertz

- O Cotidiano da Política
  Karina Kuschnir

- Cultura: um Conceito Antropológico
  Roque de Barros Laraia

- Guerra de Orixá
  Yvonne Maggie

- A invenção de Copacabana
- De Olho na Rua
  Julia O'Donnell

- A Teoria Vivida
  Mariza Peirano

- Cultura e Razão Prática
- História e Cultura
- Ilhas de História
- Metáforas Históricas e Realidades Míticas
  Marshall Sahlins

- Antropologia Urbana
- Um Antropólogo na Cidade
- Desvio e Divergência
- Individualismo e Cultura
- Projeto e Metamorfose
- Rio de Janeiro: Cultura, Política e Conflito
- Subjetividade e Sociedade
- A Utopia Urbana
  Gilberto Velho

- Pesquisas Urbanas
  Gilberto Velho e
  Karina Kuschnir

- O Mistério do Samba
- O Mundo Funk Carioca
  Hermano Vianna

- Sociedade de Esquina
  William Foote Whyte

Lewis Henry Morgan
Edward Burnett Tylor
James Georger Frazer

Evolucionismo Cultural

Textos selecionados, apresentação e revisão:
Celso Castro

Tradução:
Maria Lúcia de Oliveira

2ª reimpressão

ZAHAR

Jorge Zahar Editor Ltda.
rua Marquês de S. Vicente 99 - 1º
22451-041 Rio de Janeiro, RJ
tel (21) 2529-4750/fax (21) 2529-4787
editora@zahar.com.br
www.zahar.com.br

2ª reimpressão: 2014

Capa: Miriam Lerner
Foto da capa: Vitrine demonstrando a evolução de fusos, lançadeiras e teares. United States National Museum, c.1890.

CIP-Brasil. Catalogação-na-fonte
Sindicato Nacional dos Editores de Livros, RJ

Evolucionismo cultural: textos de Morgan, Tylor e Frazer/textos selecionados, apresentação e revisão: Celso Castro; tradução: Maria Lúcia de Oliveira. - Rio de Janeiro: Zahar, 2005.
(Antropologia social)

Conteúdo: A sociedade antiga/Lewis Henry Morgan — A ciência da cultura/Edward Burnett Tylor — O escopo da antropologia social/James George Frazer
ISBN 978-85-7110-857-8

1. Evolução social. 2. Mudança social. 3. Etnologia. I. Castro, Celso, 1963-. II. Morgan, Lewis Henry, 1818-1881. III. Tylor, Edward Burnett, 1832-1917. IV. Frazer, James George, Sir, 1854-1941. V. Série.

CDD: 303.4
09-3307 CDU: 316.42

SUMÁRIO

As edições utilizadas para a tradução foram:

- Lewis H. Morgan, *Ancient Society*. Nova York: Gordon Press, 1977.
- Edward Tylor, *Primitive Culture*. Nova York: Harper Torchbook, 1958.
- J.G. Frazer, *Psyche's Task*. Segunda edição, revista e ampliada, acrescida de "The Scope of Social Anthropology", uma aula inaugural. Londres: MacMillan, 1913.

APRESENTAÇÃO

Celso Castro

Este livro reúne textos de três autores clássicos do pensamento evolucionista na antropologia: Lewis Henry Morgan (1818-1881), Edward Burnett Tylor (1832-1917) e James George Frazer (1854-1941). As datas de publicação original dos textos – entre 1871 e 1908 – correspondem aproximadamente aos limites do período de hegemonia do evolucionismo no pensamento antropológico.

Ao tornar acessíveis textos não traduzidos ou de difícil acesso em português, a intenção desta seleção é apresentar aos estudantes de antropologia, principalmente os alunos de graduação, as linhas gerais do evolucionismo cultural, em sua fase clássica. Não se pretende, de forma alguma, que os três textos aqui reunidos dêem conta de toda a riqueza e variedade da tradição evolucionista, que, aliás, nunca foi homogênea.

Também não se deve reduzir as obras desses autores ao rótulo de "evolucionista", embora os três tenham de fato sido expoentes dessa corrente de idéias. É importante salientar que a maior parte das contribuições específicas feitas por eles em diversos campos do conhecimento antropológico não serão aqui contempladas – apenas para citar os exemplos mais importantes, seus estudos sobre parentesco, magia e religião. Eles aparecem, no entanto, como exemplos, ao longo dos textos.

Restringi-me aos autores claramente identificados com a tradição antropológica, inclusive por terem assumido posições institucionais nesse campo do conhecimento, então em vias de formação. Ficaram de fora, portanto, autores evolucionistas como – para citar apenas um, e dos mais importantes – Herbert Spencer, que não se posicionavam institucionalmente como antropólogos.

O mérito dos textos aqui reunidos, além de sua importância histórica, é que eles sintetizam idéias-chave de teoria e método característicos do evolucionismo cultural. Espero que sua leitura ajude as novas gerações de estudantes de antropologia a terem uma compreensão geral do que foi o pensamento desses autores e em que consistiu, no essencial, a tradição evolucionista na disciplina.[1]

Três "pais fundadores" da antropologia

A construção de tradições e o estabelecimento de "mitos de origem" em qualquer disciplina é quase sempre motivo de disputa. Tradições críticas da antropologia evolucionista estabeleceram outros personagens como marco de nascimento da antropologia. A vida e a obra dos três autores aqui reunidos possuem, no entanto, cada uma a seu modo, elementos que os credenciam a integrar o panteão dos "fundadores" da antropologia.[2]

Morgan nasceu nos Estados Unidos em 1818, filho de um proprietário rural do estado de Nova York que chegou a ser eleito senador estadual. Estudou direito, formando-se em 1842. Na faculdade, participou de uma associação de estudantes conhecida como Ordem do Nó Górdio, dedicada principalmente a estudos clássicos. Por sugestão de Morgan, a associação mudou seu nome para Grande Ordem dos Iroqueses, numa alusão aos índios desse grupo que viviam nas redondezas. O que começou como uma brincadeira logo assumiu proporções mais sérias. Os membros foram paulatinamente adotando uniformes baseados nos costumes iroqueses em seus encontros e rituais. Passaram também a adotar figuras e formas de linguagem e um estilo retórico supostamente iroqueses e a estudar as poucas fontes disponíveis sobre a história e os costumes dessa nação indígena.

No final de 1844, Morgan mudou-se para Rochester, onde abriu um escritório de advocacia. Nesse mesmo ano, durante uma visita a Albany, conheceu casualmente, numa livraria, um índio, filho de um chefe iroquês da tribo dos Seneca, batizado com o nome cristão de Ely Parker. Ele convidou Morgan a encontrar-se naquela mesma noite com alguns chefes de sua tribo, hospedados num hotel da cidade. Com seu novo conhecido atuando como intérprete, Morgan retornou nas duas noites seguintes, fazendo perguntas e anotando as respostas. Os nativos explicaram como a Confederação Iroquesa estava organizada, sua estrutura de tribos e clãs, e ensinaram palavras de sua língua. Para quem gosta de mitos de origem, esses encontros podem ser vistos como o momento de nascimento da antropologia norte-americana.

Encorajados por Parker, Morgan e seus colegas fizeram visitas às reservas indígenas. Numa delas, em outubro de 1846, Morgan foi adotado como guerreiro Seneca do clã do Falcão, com a restrição de não poder acompanhar os rituais mais secretos. Pouco depois a Grande Ordem foi se dissolvendo, devido em grande parte ao fato de que seus "guerreiros" foram tendo que ganhar a vida e ocupar-se mais de outros negócios. Mas o interesse de Morgan continuou, e ele logo tornou-se inquestionavelmente o maior especialista americano nos Iroqueses, passando a escrever vários artigos. Foi também o responsável por montar uma coleção de objetos indígenas para o New York Museum.

Em 1851, Morgan consolidou o que aprendera sobre os Iroqueses em *The League of the Ho-dé-no-sau-nee, or Iroquois* [A Liga dos Ho-dé-no-sau-nee, ou Iroqueses]. O livro foi dedicado a Parker, apresentado como um "pesquisador associado". Morgan dizia que o objetivo do livro era "encorajar um sentimento mais bondoso em relação aos índios, baseado num conhecimento mais verdadeiro de suas instituições civis e domésticas, e de suas capacidades de futura elevação."[3] Para dar maior credibilidade ao seu testemunho, Morgan invocava a autoridade de quem manteve "relações freqüentes" com os iroqueses e o fato de ter sido "adotado" por eles.

Homem Seneca em trajes iroqueses

Nos anos seguintes, Morgan fez fortuna como advogado de empresas de estradas de ferro e de mineração. Seu interesse por temas antropológicos reavivou-se, no entanto, após comparecer, em 1856, à reunião anual da American Association for the Advancement of Science [Associação Americana para o Progresso da Ciência] que se realizou em Albany. Na reunião de 1858 da AAAS, Morgan apresentou um trabalho sobre as características essenciais da sociedade iroquesa, destacando-se seu sistema de parentesco com suas leis de consangüinidade e descendência, tema que o perseguiria nos próximos anos. Morgan acreditava que o sistema classificatório de parentesco dos iroqueses era similar ao encontrado entre várias outras tribos norte-americanas (o que poderia provar sua origem comum) e talvez mesmo em várias partes do mundo (o que, a seu ver, se também fossem encontradas no Oriente, estabeleceria cientificamente a origem asiática dos nativos norte-americanos).

Mulher Seneca em trajes iroqueses

Para tentar provar sua suposição, Morgan enviou, nos anos seguintes, questionários a dezenas de missões religiosas, agências governamentais e instituições científicas nos Estados Unidos e em todos os continentes, perguntando sobre a organização social de povos nativos, em particular sobre o sistema de parentesco. Realizou também, até 1862, quatro curtas viagens de campo (a maior delas de 45 dias) a missões e reservas indígenas nos estados de Kansas e Nebraska, reunindo diagramas e tabelas de parentesco. Pouco após partir para a última dessas viagens, Morgan recebeu por telégrafo uma mensagem de sua mulher, informando que sua filha mais velha estava muito doente e pedindo sua volta imediata. Morgan preferiu continuar a viagem. Mais adiante, foi informado da morte de suas *duas* filhas, vitimadas por febre escarlatina. Devastado pelo remorso, Morgan, então com 44 anos, nunca mais voltaria a campo.

O resultado da pesquisa sobre parentesco foi publicado em 1871 no monumental *Systems of Consanguinity and Affinity of the Human Family* [Sistemas de consangüinidade e afinidade da família humana], o maior e mais caro livro até então publicado pela Smithsonian Institution. Morgan chegou à conclusão de que havia apenas dois sistemas de terminologia de parentesco, fundamentalmente diferentes: um classificatório (do hemisfério sul, tropical e claramente não-europeu) e outro descritivo (da Europa e do noroeste asiático). As diferenças entre os dois sistemas, sugere Morgan, poderiam ser devidas ao resultado do desenvolvimento da propriedade. O livro tornou-se um marco nos estudos antropológicos. Antes de Morgan, poucos haviam registrado com cuidado e de maneira extensa a terminologia de parentesco de outros povos. O tema do parentesco tornou-se, com seu livro, central na antropologia. É interessante observar que, oito décadas mais tarde, Lévi-Strauss dedicaria seu *As estruturas elementares do parentesco* (1949) à memória de Morgan.

Ao longo da década de 1860, Morgan foi eleito pelo partido republicano para a assembléia legislativa (1861-1868) e para o senado (1868-1869) de seu estado, tendo tido uma atuação apagada, exceto por sua participação na presidência do Comitê de Assuntos Indígenas da assembléia. Seu grande interesse continuava sendo a ciência. Paralelamente aos estudos antropológicos, publicou em 1868 *The American Beaver and His Works* [O castor americano e suas obras]. Morgan acreditava que o funcionamento das mentes humana e animal era similar, diferenciando-se apenas em grau, e que não se podia explicar os comportamentos animais mais complexos, como por exemplo a construção de represas pelos castores, com base na noção de instinto.[4]

Após a publicação de *Sistemas*, o principal projeto intelectual de Morgan passou a ser tentar aplicar o conhecimento antropológico contemporâneo para interpretar a história passada. Numa carta de 1873 a um amigo, escreveu: "Penso, sobretudo, que as épocas de real progresso estão conectadas com as artes de subsistência, que incluem a idéia darwiniana de 'luta pela existência'."[5] O resultado foi o livro *Ancient Society* [A sociedade antiga], publicado em 1877, e do qual foram incluídos nesta coletânea o prefácio e o primeiro capítulo. No livro, Morgan estudou os estágios de progresso da sociedade humana através da análise de cinco casos exemplares: os aborígines australianos, os índios iroqueses, os astecas, os gregos e os romanos. O desenvolvimento da idéia de propriedade teria sido, na interpretação de Morgan, o processo decisivo para o surgimento da civilização.

Com o livro, Morgan tornou-se internacionalmente conhecido (embora também bastante criticado) e o principal expoente da antropologia nos Estados Unidos. Toda uma geração de jovens interessados na disciplina passou a procurá-lo em sua casa em Rochester. Em 1875, na reunião anual da AAAS, Morgan criou e presidiu uma subseção permanente de antropologia, sendo eleito, nesse mesmo ano, para ocupar uma das 16 vagas da National Academy of Sciences. Em 1879, foi eleito presidente da AAAS. Sua saúde já estava, no entanto, deteriorada. Morgan morreu no final de 1881, pouco após completar 63 anos e ver publicado seu último livro, *Houses and House-Life of the American Aborigines* [Casas e vida doméstica dos aborígines americanos].

Após sua morte, a fama de Morgan e suas idéias foram profundamente marcadas, para o bem ou para o mal, pela admiração que *A sociedade antiga* causou em Karl Marx e Friedrich Engels. Marx leu o livro entre 1880 e 1881 e tomou 98 páginas de notas.[6] Engels utilizou-se amplamente dessas anotações para escrever *A origem da família, da propriedade privada e do Estado*. No prefácio à primeira edição, de 1884, Engels afirmou que sua obra era a "execução de um testamento", pois Marx, morto em 1883, queria expor pessoalmente os resultados das investigações de Morgan em relação com as conclusões da análise materialista da história.

Em *A origem da família...* Engels afirma que Morgan era responsável por uma "revolução do pensamento" que teria, para a história primitiva, "... a mesma importância que a teoria da evolução de Darwin para a biologia e a teoria da mais-valia, enunciada por Marx, para a economia política." A afinidade das teorias de Morgan com as de Marx seria completa: "Na América, Morgan descobriu de novo, e à sua maneira, a concepção materialista da história - formulada por Marx quarenta anos antes - e, baseado nela, chegou, contrapondo barbárie e civilização, aos mesmos resultados essenciais de Marx."[7] Numa carta a Kautsky, do mesmo ano, Engels repetiria que: "Morgan redescobriu espontaneamente, nos limites que lhe traçava seu objeto, a concepção materialista da história de Marx, e suas conclusões relativas à sociedade atual são postulados absolutamente comunistas."[8]

A admiração dos expoentes do comunismo por um advogado burguês republicano norte-americano viria a ser ironizada por vários autores.[9] Apesar disso, deve-se registrar que, durante uma viagem a Paris pouco após a derrota da Comuna (1871), Morgan escreveria em seus diários, nunca publicados na íntegra, que os *communards*, apesar de sua parcela de crimes, haviam sido injustamente condenados, por terem sido pouco compreendidos. Ao deixar Paris, Morgan escreveu que o direito divino estava dando lugar ao direito comercial e que os governos estavam tornando-se instrumentos para a preservação e o aumento da propriedade: "Junto com essa tendência, percebemos outra: a de que os comerciantes, assim que ganham dinheiro, tornam-se aristocratas", passando-se para o lado das classes privilegiadas. No entanto, "quando seu dia tiver chegado, a vez do povo chegará."[10]

Discutir o grau de convergência entre as idéias de Morgan e o marxismo está fora dos objetivos e limites desta apresentação. Sem dúvida, todavia, a importância dada por Morgan ao desenvolvimento da idéia de propriedade e sua concepção determinista da evolução cultural humana aproximam suas idéias das marxistas; por outro lado, Morgan nunca foi um materialista ortodoxo, e termina *A sociedade antiga* atribuindo o curso da história humana ao plano de uma "Inteligência Suprema" para desenvolver o selvagem em civilizado, passando pelo bárbaro. Um fato importante a registrar, no entanto, é que, como conseqüência da leitura de Marx e Engels, as idéias de Morgan, e especificamente seu *A sociedade antiga*, tornaram-se a doutrina antropológica oficial da União Soviética, prolongando assim a influência de suas idéias para muito além da época de apogeu do evolucionismo cultural.[11]

Tylor nasceu na Inglaterra em 1832, numa próspera família quacre londrina.[12] Aos dezesseis anos passou a trabalhar no negócio familiar (uma fundição de bronze), sem nunca vir a cursar uma universidade. Em 1855, Tylor viajou pelos Estados Unidos e por Cuba, antes de passar quatro meses de 1856 no México, em companhia de Henry Christy, que conhecera casualmente em Havana, e que seria responsável por roubar de ruínas astecas e retirar do México preciosas relíquias que hoje se encontram no Museu Britânico, na coleção que leva seu nome.

Dessa viagem resultou o primeiro livro de Tylor, *Anahuac: or, Mexico, Ancient and Modern* [Anahuac: ou, México, antigo e moderno], publicado em 1861. Além de observações típicas da literatura de viajantes sobre a terra e seu povo, Tylor deu atenção especial às "antigüidades" do período pré-colombiano e lamentou as condições políticas desse "desventurado país", cujo povo era "incapaz de liberdade", contrastando-o com o progresso dos Estados Unidos. Conclui que os mexicanos eram "totalmente incapazes de governar a si próprios" e preconizou a total absorção do país pelos Estados Unidos.[13]

Em 1865, Tylor publicou *Researches into the Early History of Mankind and the Development of Civilization* [Pesquisas sobre a antiga história da humanidade e o desenvolvimento da civilização], no qual procurava organizar as novidades recentemente trazidas sobre a pré-história humana pela arqueologia e pela antropologia. Suas extensas leituras nessas áreas levaram-no a escrever em seguida aquele que se tornaria seu livro mais importante: *Primitive Culture: Researches into the Development of Mythology, Philosophy, Religion, Language, Art and Custom* [Cultura primitiva: pesquisas sobre o desenvolvimento da mitologia, filosofia, religião, linguagem, arte e costume], publicado em 1871.

Tylor é por muitos considerado o pai da antropologia cultural por ter dado pela primeira vez uma definição formal de *cultura*, na frase que abre *Cultura primitiva* – cujo primeiro capítulo, "A ciência da cultura", foi incluído nesta coletânea: "Cultura ou Civilização, tomada em seu mais amplo sentido etnográfico, é aquele todo complexo que inclui conhecimento, crença, arte, moral, lei, costume e quaisquer outras capacidades e hábitos adquiridos pelo homem na condição de membro da sociedade." Deve-se ressaltar, no entanto, algo muitas vezes esquecido nas inúmeras citações desde então feitas dessa frase: que Tylor fala de cultura *ou civilização*. Ao tomar as duas palavras como sinônimas, a definição de Tylor distingue-se do uso moderno do termo cultura (em seu sentido relativista, pluralista e não-hierárquico), que só seria popularizado com a obra de Franz Boas, já no início do século XX. Cultura, para Tylor, era palavra usada sempre no singular, e essencialmente hieraquizada em "estágios".

Ainda em 1871, Tylor foi nomeado Fellow da Royal Society, uma honraria então raramente obtida antes dos 40 anos de idade. Em 1874, foi o autor de 18 seções do livro *Notes and Queries on Anthropology, for the Use of Travellers and Residents in Uncivilizad Lands* [Notas e indagações sobre antropologia, para uso de viajantes e de moradores de países não-civilizados], escrito por um comitê criado em 1872 pela British Association for the Advancement of Science [Sociedade Britânica para o Progresso da Ciência, BAAS].[14] A estrutura dessas seções refletia os temas principais de *Cultura primitiva*. Em 1881, Tylor publicou um pequeno manual sobre a disciplina que se tornaria muito difundido, *Anthropology: An Introduction to the Study of Man and Civilization* [Antropologia: uma introdução ao estudo do homem e da civilização].

Em 1883, após terem sido feitas reformas universitárias na Grã-Bretanha, Tylor afinal pôde ser nomeado para um cargo público, tornando-se conservador (*Keeper*) do museu da Universidade de Oxford (atualmente, Museu Pitt-Rivers). Já era considerado a maior autoridade britânica em antropologia, razão pela qual tornou-se, no ano seguinte, o primeiro presidente da recém-criada Seção Antropológica da BAAS. Foi também, por duas vezes, presidente do Royal Anthropological Institute. Ainda em 1884, tornou-se o primeiro Leitor (*Reader*) de Antropologia de Oxford e da Grã-Bretanha, e em 1896, *Professor*, o grau mais elevado da vida acadêmica britânica (equivalente ao professor titular no Brasil). Nesse período, Tylor publicou apenas um trabalho antropológico importante: "On a Method of Investigating the Development of Institutions: Applied to Laws of Marriage and Descent" [Sobre um método de investigar o desenvolvimento das instituições, aplicado às leis de casamento e descendência].[15] Aposentou-se em 1909, recebendo o título de professor emérito, mas já em precárias condições mentais. Seria ainda sagrado cavaleiro (*Sir*) em 1912, cinco anos antes de morrer, em 1917, aos 84 anos.

Frazer nasceu em Glasgow, Escócia, em 1854, numa família de classe média, filho de um farmacêutico. Matriculou-se em

1869 na Universidade de Glasgow, graduando-se em 1874. Para completar sua formação, seguiu para o Trinity College em Cambridge, ao qual estaria ligado por quase todo o resto de sua vida. Dedicou-se com impressionante energia aos estudos clássicos (isto é, aos autores gregos e romanos, lidos no original) e, devido a seu desempenho, ganhou uma bolsa-prêmio da universidade com duração de seis anos. A bolsa não exigia que desse aulas nem tivesse qualquer tipo de produção acadêmica e seria renovada seguidamente até 1895, quando se tornou vitalícia. Ou seja, apesar de relativamente modesta, a bolsa permitiu a Frazer dedicar-se apenas aos estudos, sem nenhuma exigência de contrapartida, por toda a sua vida.

Em 1885, Frazer deu uma palestra no Anthropological Institute, "On Certain Burial Costumes as Illustrative of the Primitive Theory of the Soul" [Sobre certos costumes funerários como ilustrativos da teoria primitiva da alma]. Na audiência estavam, entre outros, Francis Galton, Edward Tylor e o autor por quem Frazer na época mais nutria admiração, Herbert Spencer. Naquele tempo, no entanto, seu interesse predominante continuava sendo pelos estudos clássicos. Em 1884, Frazer acertou com o editor George MacMillan (que se tornaria seu editor e amigo pelos próximos 50 anos) a preparação de uma nova tradução de Pausânias, geógrafo e antiquário do século II d.C. que viajou extensamente pela Grécia e escreveu aquele que é geralmente reconhecido como o primeiro guia de viagem: *Descrição da Grécia.* Em 1898, após mais de 13 anos de trabalho, que incluíram viagens à Grécia para conhecer *in loco* as recentes descobertas arqueológicas e ver em que elas ajudariam a compreender o texto de Pausânias, o projeto resultou numa tradução "comentada" que veio público com não menos que seis volumes (pelo menos o dobro das edições anteriores), e mais de três mil páginas. A tradução, propriamente dita, ocupava apenas um volume, seguido de quatro volumes de comentários e um de mapas, plantas e índices. Esse padrão de trabalho seria a marca registrada de toda a produção intelectual de Frazer: um projeto modesto que, ao longo dos anos, assumia proporções gigantescas.

Na mesma época em que começou a tradução de Pausânias, Frazer conheceu William Robertson Smith (1846-1894), antropólogo especializado no estudo histórico das religiões do Oriente Médio, em especial do Antigo Testamento, autor de *The Religion of the Semites*. Os dois tornaram-se amigos inseparáveis até a morte precoce de Robertson Smith, que foi o grande responsável pela conversão de Frazer para a antropologia, embora nunca o tenha feito abandonar os estudos clássicos.

Bem antes de completar sua edição de Pausânias, Frazer já tinha um novo projeto, que resultaria na sua maior obra (tanto em importância quanto em tamanho). Em 1889, escrevendo a George MacMillan, Frazer resumiu o argumento do livro que estava escrevendo paralelamente, *The Golden Bough* [O ramo de ouro]. O propósito explícito seria explicar um tema da mitologia clássica: a regra para a sucessão do sacerdócio no templo do bosque de Nemi, perto de Roma. Qualquer um poderia se tornar sacerdote e rei do bosque, desde que primeiro arrancasse um ramo – o ramo de ouro – de uma certa árvore sagrada daquele bosque e, em seguida, matasse o sacerdote. Frazer concluiu, num estilo semelhante ao da trama de uma história de detetive:

> Através de uma aplicação do método comparativo, creio poder demonstrar ser provável que o sacerdote representou em sua pessoa o deus do bosque – Virbius – e que seu sacrifício foi visto como a morte do deus. Isso levanta a questão sobre o significado do difundido costume de se matar homens e animais vistos como divinos... O Ramo de Ouro, creio poder demonstrar, era o visco, e toda a lenda pode, creio, ser posta em conexão, por um lado, com a reverência druídica pelo visco e os sacrifícios humanos que acompanhavam seu culto; e, por outro lado, com a lenda nórdica da morte de Balder. O que quer que se pense das teorias [do livro], descobrirão que ele contém um grande estoque de costumes muito curiosos, muitos dos quais podem ser novidade mesmo para antropólogos reconhecidos. A semelhança de muitos desses costumes e idéias selvagens com as doutrinas fundamentais da Cristandade é admirável. Mas não faço referência a esse paralelismo, deixando que meus leitores tirem suas próprias conclusões, de uma maneira ou de outra.[16]

A primeira edição de *O ramo de ouro* foi publicada em 1890, em dois volumes e com um total de 800 páginas. A segunda edição, de 1900, ampliava a obra em um volume, com respostas a algumas críticas e a incorporação de dados decorrentes de sua longa correspondência e amizade, após 1897, com o antropólogo W. Baldwin Spencer (1860-1929), grande pesquisador de campo entre os aborígines da Austrália Central. Frazer continuou, no entanto, aumentando o livro. A terceira edição, publicada entre 1911 e 1915, tinha 13 volumes e um total de 4.568 páginas, levando o leitor através de uma vertiginosa viagem por todas as províncias etnográficas e mitologias do mundo. Em 1922, Frazer preparou uma versão condensada em um volume que se tornou um *best-seller*.[17]

Em 1908, já consagrado como antropólogo, Frazer aceitou um convite para mudar-se para a Universidade de Liverpool, após viver por 34 anos em Cambridge. Em Liverpool, ele teria a condição de *Professor* de antropologia social, a primeira cadeira a ser criada com esse título numa universidade, em todo o mundo. A condição de *Professor* significava uma grande elevação de status em relação ao que desfrutava em Cambridge. Era, no entanto, uma posição honorária, isto é, que não acarretava um salário; por outro lado, não o obrigava a dar aulas ou palestras regularmente, permitindo que se dedicasse à pesquisa e à escrita. Além de dar fim à insatisfação com seu status em Cambridge, Frazer alimentava novas ambições, como explicou numa carta a Galton:

> Eu tenho um plano, que pretendo advogar na minha palestra inaugural, de se estabelecer um fundo para enviar expedições antropológicas para coletar informação sobre os selvagens antes que seja tarde demais. Liverpool, com sua riqueza e suas conexões com terras estrangeiras, é talvez o melhor lugar no país para lançar tal plano, mas eu tentarei conseguir que as universidades mais antigas, a Royal Society, o Anthropological Institute e o British Museum associem-se ao trabalho e ajudem na gestão do fundo.[18]

É com essa idéia em mente que podemos compreender plenamente as páginas finais da única palestra que Frazer daria em Liverpool, intitulada *The Scope of Social Anthropology* [O escopo da antropologia social], incluída nesta edição. Proferida em 14 de maio de 1908, essa palestra pode ser vista como o momento inaugural da *antropologia social*.

O casal Frazer acabou morando em Liverpool por apenas cinco meses. Sem conseguirem adaptar-se à cidade, retornaram a Cambridge. Lá Frazer viveu até 1914, quando mudou-se para Londres, ao completar 60 anos de idade. Durante a Primeira Guerra Mundial, apesar de seu afastamento da política e das causas públicas, em 1916 Frazer apoiou a demissão de Bertrand Russel do Trinity College, por suas posições pacifistas e contra a guerra, consideradas "impatrióticas" por seus críticos.

Após a mudança para Londres, iniciou-se uma fase de sucesso junto ao público leitor, honrarias oficiais e mais livros, como *Folk-Lore in the Old Testament* [Folclore no Antigo Testamento], publicado em 1918 em "apenas" três volumes. Em 1914, Frazer foi tornado cavaleiro da Coroa Britânica. Em 1921, recebeu o título de doutor *honoris causa* pela Sorbonne e, em 1922, iniciaram-se as *Frazer Lectures* [Conferências Frazer], realizadas anualmente até hoje, num regime de rodízio, pelas universidades de Glasgow, Cambridge, Oxford e Liverpool, com a participação dos antropólogos mais eminentes. Ainda em 1922, os Frazer deixaram sua casa em Londres e passaram a viajar por vários países, enquanto preparavam o retorno definitivo a Cambridge, onde construíram uma pequena casa. O final da vida, no entanto, foi duro para o casal. Completamente cego a partir de 1931, Frazer continuou com o auxílio da esposa a preparar novas edições de seus livros. Os dois morreram no mesmo dia, com poucas horas de diferença.

Ao longo do meio século decorrido entre a primeira edição de *O ramo de ouro* (1890) e sua morte, Frazer desfrutou de uma dupla reputação: à medida que seu reconhecimento e sucesso cresciam junto ao público leigo – provavelmente Frazer foi o autor mais conhecido junto ao "grande público" de toda a história da antropologia – e a profissionais de outras disciplinas – como por exemplo os estudiosos da mitologia, da literatura e mesmo Freud, que baseou-se na obra de Frazer para escrever *Totem e tabu*, publicado em 1913 –, sua influência decrescia junto aos antropólogos profissionais. Seu estilo, a partir da década de 1920, era considerado demasiadamente "literário" por uma geração de antropólogos que se consideravam "científicos", por mais que o público em geral continuasse gostando de ler seus livros. Mais que isso, suas idéias eram consideradas anacrônicas: o apogeu do evolucionismo cultural havia passado.

Evolução biológica e evolução cultural

Há diferenças entre os autores do período clássico do evolucionismo cultural em relação a aspectos tanto teóricos quanto de interpretação etnográfica. Também ocorreram mudanças ao longo da produção acadêmica de cada um deles, tomados individualmente. No entanto, pode-se, com relativa facilidade, sintetizar as principais idéias gerais dos autores evolucionistas da antropologia, que eram em grande medida convergentes.[19]

Antes, porém, é preciso desfazer um equívoco bastante comum: pensar que a idéia de evolução como explicação para a diversidade cultural humana é decorrência direta da idéia de evolução biológica, tendo como marco a publicação, em 1859, do livro do naturalista inglês Charles Darwin (1809-1882), *On the Origins of Species by Means of Natural Selection; or, The Preservation of Favoured Races in the Struggle for Life* [Sobre a origem das espécies por meio da seleção natural; ou, a preservação das raças favorecidas na luta pela vida].

Darwin argumentou que as espécies existentes haviam se desenvolvido lentamente a partir de formas de vida anteriores, e apontou como mecanismo principal desse processo a teoria da "seleção natural" através de variações acidentais. Em meados dos anos 1870, talvez a maior parte das pessoas cultas na Europa e na América do Norte já tivesse aceito as idéias de Darwin. Muitas vezes, no entanto, a compreensão de sua teoria era vaga e superficial. Um dos fatores fundamentais para a aceitação da idéia de evolução era sua associação com a idéia de *progresso*, cuja imagem mais comum é a de uma "escada" cujos degraus estão dispostos numa hierarquia linear. Geralmente, o evolucionismo era percebido como a expressão científica desse princípio mais antigo e geral.

É também importante perceber que a chamada "revolução" darwinista ocorreu em paralelo ao enorme alargamento do tempo histórico da espécie humana, para muito além dos cerca de cinco mil anos apontados pela tradição bíblica. Em 1858 foram descobertos artefatos humanos junto com ossos de mamutes e outros animais extintos na caverna de Brixham, próxima à cidade de Torquay, na Inglaterra. Com isso, o mundo "antediluviano" recuou muito no tempo, tornando-se "pré-histórico". Na mesma época, descobertas similares foram feitas na França, igualmente comprovando a grande antigüidade do homem sobre a terra. Indiretamente, essas descobertas reforçavam a suposição de que teríamos descendido de formas "inferiores" de vida há muito extintas.

O impacto do livro de Darwin e dessas descobertas paleontológicas foi enorme, estendendo-se para além de seus campos científicos específicos e influenciando a teologia, a filosofia, a política e também a nascente antropologia. No entanto, para aqueles que, nas décadas de 1860 e 1870, se dedicaram a estudar a história do progresso humano – autores como Johannes Bachofen, Henry Maine, Fustel de Coulanges, John Lubbock,

John Ferguson McLennan, Lewis Henry Morgan e Edward Burnett Tylor – a influência da obra do filósofo inglês Herbert Spencer (1820-1903) teve maior impacto do que as teorias darwinistas. Aliás, Darwin não foi o primeiro a dar uma definição rigorosa de "evolução". Essa palavra só apareceu na 6ª edição, de 1872, da *Origem das espécies*. A razão que levou Darwin a finalmente usar essa palavra, 13 anos após a primeira edição de seu livro, é que ela se havia tornado amplamente conhecida. O grande responsável por sua popularização foi Herbert Spencer, que já havia usado "evolução" em seu livro *Social Statics* [Estática social], de 1851. Em seu texto "Progress: Its Law and Cause" [Progresso: sua lei e causa], de 1857, Spencer generalizou o processo evolucionário para todo o cosmo:

> O avanço do simples para o complexo, através de um processo de sucessivas diferenciações, é igualmente visto nas mais antigas mudanças do Universo que podemos conceber racionalmente e indutivamente estabelecer; ele é visto na evolução geológica e climática da Terra, e de cada um dos organismos sobre sua superfície; ele é visto na evolução da Humanidade, quer seja contemplada no indivíduo civilizado, ou nas agregações de raças; ele é igualmente visto na evolução da Sociedade com respeito a sua organização política, religiosa e econômica; e é visto na evolução de todos ... os infindáveis produtos concretos e abstratos da atividade humana.[20]

Enquanto a teoria biológica de Darwin não implicava uma direção ou progresso unilineares, as idéias filosóficas de Spencer levavam à disposição de todas as sociedades conhecidas segundo uma única escala evolutiva ascendente, através de vários estágios. Essa se tornaria a idéia fundamental do período clássico do evolucionismo na antropologia.

Um só caminho, uma mesma humanidade

Aplicada à antiga questão da enorme diversidade cultural humana, percebida tanto nas sociedades que existiram no passado como nas que conviviam contemporaneamente no espaço, a perspectiva evolucionista em antropologia baseava-se num raciocínio fundamental: reduzir as diferenças culturais a estágios históricos de um mesmo caminho evolutivo. O diagrama seguinte, feito por Roberto DaMatta, permite visualizar esse procedimento:

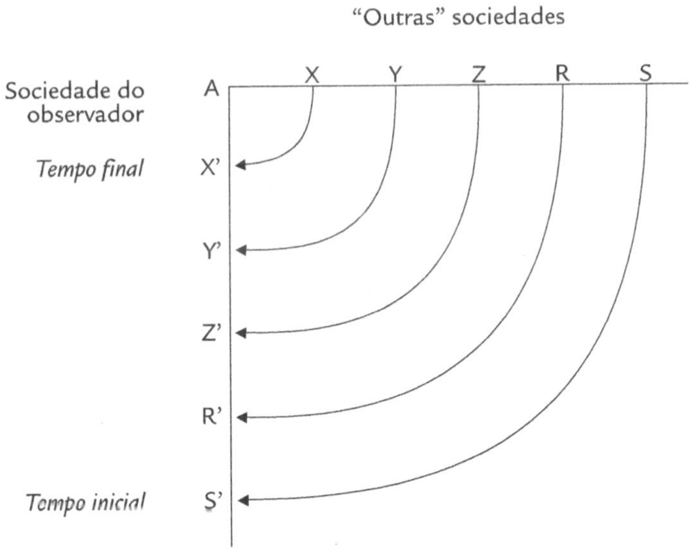

A coordenada espacial – ou a coordenada da contemporaneidade – exprime o “outro” em sua realidade concreta presente, isto é, em toda a sua plenitude e na força do seu estranhamento. Mas a coordenada vertical exprime um eixo temporal postulado, eixo que se inicia num “tempo inicial” e termina na sociedade do observador. Essa disposição temporal permite efetuar o rebatimento das sociedades desconhecidas no plano temporal e assim transformar o estranhamento concreto numa familiaridade postulada, situada no eixo de um tempo dado como conhecido.[21]

O postulado básico do evolucionismo em sua fase clássica era, portanto, que, em todas as partes do mundo, a sociedade humana teria se desenvolvido em estágios sucessivos e obrigatórios, numa trajetória basicamente unilinear e ascendente. A possibilidade lógica oposta, de que teria havido uma degeneração ou decadência a partir de um estado superior — idéia que tinha por base uma interpretação bíblica — precisava ser descartada, como se poderá ver nos textos aqui reunidos. Toda a humanidade deveria passar pelos mesmos estágios, seguindo uma direção que ia do mais simples ao mais complexo, do mais indiferenciado ao mais diferenciado.

O caminho da evolução seria, nas palavras de Morgan, natural e necessário: "Como a humanidade foi uma só na origem, sua trajetória tem sido essencialmente uma, seguindo por canais diferentes, mas uniformes, em todos os continentes, e muito semelhantes em todas as tribos e nações da humanidade que se encontram no mesmo status de desenvolvimento." [ver p.46]

Um corolário desse postulado era o da unidade psíquica de toda a espécie humana, a uniformidade de seu pensamento. Isso distinguia os autores evolucionistas clássicos da antiga tradição *poligenista* da antropologia, que argumentava que as "raças humanas" tiveram origens diferentes, estando assim permanentemente estabelecida uma desigualdade natural e uma hierarquia entre elas. Tylor, numa passagem de seu texto, é especialmente claro ao afirmar ser "tanto possível quanto desejável eliminar considerações de variedades hereditárias, ou raças humanas, e tratar a humanidade como homogênea em natureza, embora situada em diferentes graus de civilização". [ver p.76] No entanto, mesmo proclamando uma origem única para todas as raças (*monogenismo*), por vezes esses e outros autores se contradiziam ao tratar das raças humanas. Estas eram geralmente consideradas (não só por eles, como pelo público culto em geral) como desiguais, senão em gênero, ao menos em grau.

O método comparativo e a ciência da cultura

Como decorrência da visão de um único caminho evolutivo humano, os povos "não-ocidentais", "selvagens" ou "tradicionais" existentes no mundo contemporâneo eram vistos como uma espécie de "museu vivo" da história humana – representantes de etapas anteriores da trajetória universal do homem rumo à condição dos povos mais "avançados"; como exemplos vivos daquilo "que já fomos um dia". Para Frazer, "o selvagem é um documento humano, um registro dos esforços do homem para se elevar acima do nível da besta". [ver p.121] Nas palavras de Morgan:

> ... as instituições domésticas dos bárbaros, e mesmo dos ancestrais selvagens da humanidade, ainda estão exemplificadas em partes da família humana, e com tamanha completude que, exceto pelo período estritamente primitivo, os diversos estágios desse progresso estão razoavelmente preservados. [ver p.54]

Na medida em que a arqueologia era então pouco desenvolvida e não havia registros históricos disponíveis para a reconstituição dos estágios supostamente mais "primitivos" – a maior parte da trajetória humana – o estudo dessas sociedades assumia enorme importância, pois assim se poderia reconstituir o caminho evolutivo da humanidade, através de suas diferentes etapas. Passava-se a dispor de uma espécie de "máquina do tempo" que permitia, observando o mundo dos "selvagens" de hoje, ter uma idéia de como se vivia em épocas passadas. Assim, as informações sobre a sociedade antiga e sobre a mente do homem primitivo, até então dependentes dos relatos da antigüidade greco-romana – Heródoto, Tucídides, Tácito etc. – poderiam ser complementadas por novos relatos. Nas palavras de Frazer,

> ... um selvagem está para um homem civilizado assim como uma criança está para um adulto; e, exatamente como o crescimento gradual da inteligência de uma criança corresponde ao crescimento gradual da inteligência da espécie e, num certo sentido, a recapitula, assim também um estudo da sociedade selvagem em vários estágios de evolução permite-nos seguir, aproximadamente – embora, é claro, não exatamente –, o caminho que os ancestrais das raças mais elevadas devem ter trilhado em seu progresso ascendente, através da barbárie até a civilização. Em suma, a selvageria é a condição primitiva da humanidade, e, se quisermos entender o que era o homem primitivo, temos que saber o que é o homem selvagem hoje. [ver p.107-8]

A solução para preencher as "lacunas" do longo período "primitivo" de evolução cultural humana era utilizar o *método comparativo*, aplicando-o ao grande número de sociedades "selvagens" existentes contemporaneamente. O método comparativo não era uma novidade da antropologia: ele já havia sido utilizado com sucesso na anatomia animal, por Cuvier, e na lingüística, por autores que buscavam chegar a uma língua ancestral comum da qual teriam se originado as diversas línguas indo-européias. Em relação à sociedade humana, na medida em que condições externas (como isolamento geográfico e influências ambientais) fizeram com que o *ritmo* de evolução dos grupos humanos fosse diferente (embora seguindo o mesmo caminho), a variedade daí resultante era fundamental para que a reconstrução dos diferentes estágios do processo evolutivo geral, através do uso do método comparativo, fosse possível. Era isso que permitia aproximar as sociedades "selvagens" contemporâneas a estágios anteriores, "primitivos", do desenvolvimento das sociedades complexas modernas. Nas palavras de Tylor, "os europeus podem encontrar entre os habitantes da Groenlândia ou entre os maoris muitos elementos para reconstruir o quadro de seus ancestrais primitivos". [ver p.94] Um trecho do mesmo autor é claro a respeito de como deve ser feita a aplicação do método comparativo na antropologia:

> Um primeiro passo no estudo da civilização é dissecá-la em detalhes e, em seguida, classificá-los em seus grupos apropriados. Assim, ao examinar as armas, elas devem ser classificadas como lança, maça, funda, arco-e-flecha, e assim por diante; ... o trabalho do etnógrafo é classificar esses detalhes com vista a estabelecer sua distribuição na geografia e na história e as relações existentes entre eles. Em que consiste essa tarefa é um ponto que pode ser quase perfeitamente ilustrado comparando esses detalhes de culturas com as espécies de plantas e animais tal como estudadas pelo naturalista."[ver p.76-7]

A respeito de como ordenar os itens culturais assim classificados, Tylor apela para o senso comum. Para ele, a idéia de progresso estaria "tão inteiramente instalada em nossas mentes que, por meio dela, reconstruímos, sem escrúpulos, a história perdida, confiando no conhecimento geral dos princípios do pensamento e da ação humana como um guia para pôr os fatos em sua ordem apropriada". [ver p.86]

Outra idéia fundamental do evolucionismo cultural era a de "sobrevivências", definidas por Tylor como "processos, costumes, opiniões, e assim por diante, que, por força do hábito, continuaram a existir num novo estado de sociedade diferente daquele no qual tiveram sua origem, e então permanecem como provas e exemplos de uma condição mais antiga de cultura que evoluiu em uma mais recente". [ver p.87] Nas palavras de Frazer, seriam como que "relíquias" de crenças e costumes dos selvagens "que sobreviveram como fósseis entre povos de cultura mais elevada". [ver p.106]

Exemplos de sobrevivências seriam, em nossas sociedades "modernas", os muitos costumes, superstições e crendices populares dos quais não se percebia a racionalidade ou a função social. Vistos pelo olhar evolucionista, no entanto, eles ganhavam sentido ao se transformarem em "sobrevivências" de um estágio cultural anterior, vestígios através dos quais se poderia, num trabalho semelhante ao de um detetive, reconstituir o curso da evolução cultural humana. O estudo científico das "sobrevivências" autorizava o antropólogo a recorrer, portanto, não apenas às sociedades "selvagens", como também à sua própria sociedade. Tal procedimento ampliava enormemente o campo de investigação, permitindo que se incorporasse à antropologia aquilo que se costumava designar como "folclore".

Os autores evolucionistas aqui reunidos não acreditavam que mesmo a mais "primitiva" sociedade existente – geralmente, os aborígines australianos – fosse equivalente ao estágio inicial da cultura humana, o "ponto zero" da evolução cultural. Isso, no entanto, não frustrava o sucesso do empreendimento antropológico, pois o que o transformava em uma ciência – para além daquilo que poderia ser visto como mera especulação histórica sobre as origens culturais do homem – era a possibilidade de se descobrirem *leis*, a exemplo das ciências naturais. Como resumiu Tylor, "se existe lei em algum lugar, existe em todo lugar". [ver p.97] É interessante observar, aliás, que o título do texto de Tylor aqui reproduzido é, justamente, "a ciência da cultura".

Uma "antropologia de gabinete"

No trabalho de reconstituição do processo geral da evolução cultural do homem, a antropologia evolucionista não demonstrava grande preocupação com aspectos mais específicos de povos particulares, nem com a exigência de alta confiabilidade nos relatos etnográficos. Em seu texto, Tylor dá uma resposta à questão de como mesmo relatos pouco confiáveis (escritos, por exemplo, por missionários, comerciantes, viajantes ou observadores superficiais) poderiam vir a ser usados como evidência científica. Ele assinala, em primeiro, lugar, que se deve tentar obter diversos relatos sobre o mesmo objeto, submetendo-os, assim, a um "teste de recorrência". Caso relatos independentes de elementos culturais em épocas ou lugares diferentes sejam convergentes, ficaria difícil, segundo Tylor, atribuí-los ao acaso ou a uma fraude intencional. Ao contrário,

> parece razoável julgar que, de modo geral, eles são verdadeiros, e que sua proximidade e regular coincidência devem-se ao surgimento de fatos semelhantes em vários distritos da cultura. Os fatos mais importantes da etnografia são provados dessa maneira. A experiência leva o estudante, depois de algum tempo, a esperar que os fenômenos da cultura, como resultados de causas similares de ampla atuação, devam surgir repetidamente no mundo, e é isso que irá constatar. [ver p.79-80]

Tylor conclui afirmando que: "Tão forte, realmente, é esse meio de autenticação, que o etnógrafo, em sua biblioteca, pode às vezes ousar decidir não apenas se um explorador particular é um observador honesto e perspicaz, mas também se o que ele relata está de acordo com as regras gerais da civilização." [ver p.80]

A imagem do antropólogo trabalhando sentado em sua biblioteca era plenamente justificada na tradição da antropologia evolucionista, tanto pelos objetivos a que se propunha quanto pelos métodos que seguia. Embora o antropólogo devesse saber reconhecer a diferença entre um relato superficial ou preconceituoso e um relato bem fundamentado e isento, o resultado final de seu trabalho, *no geral*, prescindia de uma grande atenção ao detalhe etnográfico: buscava-se compreender, como indicam os títulos dos livros de Morgan e Frazer, *a* sociedade antiga, *a* cultura primitiva.

Vimos como, no caso de Morgan, essa caracterização do antropólogo fechado em sua biblioteca não é exata, diante da importância de suas viagens a campo e entrevistas com nativos, embora o trabalho com fontes secundárias continuasse sendo fundamental. Esta, no entanto, é uma exceção à regra, e a imagem do antropólogo confinado à sua biblioteca será muito criticada pelas gerações seguintes de antropólogos. A expressão depreciativa *armchair anthropology* – literalmente, "antropologia de poltrona", mas com o sentido, como ficou usual em português, de "antropologia de gabinete" – passou a ser amplamente utilizada pelos críticos da tradição clássica da antropologia evolucionista.

Os pressupostos evolucionistas foram muito criticados, nas duas primeiras décadas do século XX, por antropólogos que preferiam explicar a questão da diversidade cultural humana através da idéia de *difusão*, e não da de evolução. Para a chamada escola *difusionista*, a ocorrência de elementos culturais semelhantes em duas regiões geograficamente afastadas não seria prova da existência de um único e mesmo caminho evolutivo, como pensavam os evolucionistas; o pressuposto difusionista, diante do mesmo fato, era que deveria ter ocorrido a difusão de elementos culturais entre esses mesmos lugares (por comércio, guerra, viagens ou quaisquer outros meios).

Dois outros marcos de ruptura com a tradição evolucionista, tanto em seus aspectos teóricos quanto práticos, foram as obras de Franz Boas (1858-1942) e de Bronislaw Malinowski (1884-1942).

Em seu artigo "As limitações do método comparativo da antropologia", de 1896, Boas fez críticas incisivas ao método evolucionista.[22] Para ele, antes de supor, sem provas cabais, como faziam os evolucionistas, que fenômenos aparentemente semelhantes pudessem ser atribuídos às mesmas causas, era preciso perguntar, para cada caso, se eles não teriam se desenvolvido independentemente, ou se não teriam sido transmitidos por difusão de um povo a outro. Ao contrário dos autores evolucionistas, que usavam as palavras cultura e sociedade humana no singular, Boas passou a usar cultura *no plural*. O objetivo da antropologia, nessa perspectiva, passava a ser não a reconstituição do grande caminho da evolução cultural humana, mas sim a compreensão de culturas particulares, em suas especificidades. A classificação de diferentes elementos culturais tomados de todos os lugares do mundo, cujo ordenamento Tylor via como natural, por estar "inteiramente instalada em nossas mentes" [ver p.86], passava a ser criticada como etnocêntrica, como fruto de uma perspectiva prisioneira dos pressupostos e valores da cultura do observador. As culturas "primitivas" deixavam, assim, de serem percebidas e avaliadas por aquilo que lhes faltava ou aquilo em que estariam "atrasadas" em comparação com a cultura ocidental moderna: Estado, família monogâmica, ciência, propriedade privada e religião monoteísta. Além desse relativismo metodológico, Boas praticou e estimulou em seus alunos um gosto pela pesquisa de campo desconhecido para a maior parte dos autores que o precederam.

Em relação especificamente à necessidade de o antropólogo ter uma experiência direta e prolongada de convívio com seu "objeto" de pesquisa, o grande marco de ruptura com a tradição evolucionista foi a publicação de *Argonautas do Pacífico Ocidental*, de Malinowski, em 1922, fruto de prolongada pesquisa de campo entre os nativos das ilhas Trobriand.[23] Ir a campo passava a ser visto como uma experiência existencial fundamental para o conhecimento etnográfico, o meio através do qual o antropólogo se torna apto a observar uma cultura "de dentro", para poder compreender o "ponto de vista do nativo" e sua "visão de mundo". Além de pregar uma antropologia ao ar livre, Malinowski enfatizava a necessidade de se compreender cada cultura em sua *totalidade*, sem fragmentá-la.

Boas já criticara o antigo padrão de disposição das peças dos museus etnográficos, com sua classificação por tipo de atividade ou instrumento, misturando peças de povos de todo o mundo. Esse padrão, de inspiração evolucionista, foi sendo substituído pelo ordenamento de conjuntos de elementos relacionados a diferentes culturas. Nesse sentido, o procedimento fundamental do método comparativo, tal como preconizado por Tylor – "dissecá-la [a civilização] em detalhes e, em seguida, classificá-los em seus grupos apropriados" com evidências recolhidas em todo o mundo – passava a ser visto como um método equivocado, e o antropólogo evolucionista aproximava-se do modelo de um colecionador de borboletas que classificava seus espécimes em formatos e cores, sem entender-lhes a morfologia e a fisiologia.

Argonautas veio com um prefácio de Frazer. Malinowski, além de atribuir à leitura de *O ramo de ouro* o despertar de seu interesse pela antropologia, contava há anos com o estímulo de Frazer para suas pesquisas. No prefácio, Frazer qualificou a pesquisa de seu "estimado amigo" como valiosa e disse que ela prometia tornar-se, com a publicação de outras monografias de Malinowski sobre os trobriandeses, "um dos trabalhos mais completos e científicos já produzidos sobre um povo selvagem". Vinte anos mais tarde, Malinowski faria o obituário de Frazer, elogiando suas qualidades de grande humanista e erudito clássico, mas rejeitando sua teoria e método, e enfatizando que sua morte simbolizava o fim de uma época da antropologia.[24]

De fato, Frazer foi o último dos antropólogos do período "clássico" do evolucionismo cultural. Essa tradição não mais atingiria, na disciplina, o prestígio que desfrutou entre os anos 1870 e a Primeira Guerra Mundial. Não é correto, no entanto, pensar que o evolucionismo cultural tenha desaparecido com a morte de Frazer. No caso específico das idéias de Morgan, como vimos, a admiração que despertaram em Marx e Engels lhes deu grande sobrevida.[25] Vários antropólogos procuraram dar continuidade ao pensamento evolucionista, buscando atualizá-lo em muitas de suas formulações e, em geral, adotando perspectivas multilineares para a evolução cultural humana. Nessa tradição podemos destacar Leslie White (1900-1975), Julian Steward (1902-1972) e, no Brasil, Darcy Ribeiro (1922-1997), que, em *O processo civilizatório* (1968), retraça sua linhagem intelectual, passando por esses autores, até Morgan. Mais recentemente, o evolucionismo cultural, em seus aspectos mais deterministas, voltou a ganhar força ao ser englobado (porém modificado) por uma vertente da biologia moderna que passou a ser conhecida pelo nome de *sociobiologia* após a publicação do livro com esse título por Edward O. Wilson, em 1975, e que desde então ressurge periodicamente, sob novas roupagens.[26]

Para além desses exemplos do campo acadêmico, muitas idéias introduzidas pela tradição clássica do evolucionismo cultural permanecem até hoje disseminadas no senso comum. Creio que a leitura dos textos que se seguem permitirá, com facilidade, essa constatação.

Notas

[1] Agradeço as leituras que Karina Kuschnir, Gilberto Velho e Julia O'Donnell fizeram de uma primeira versão da apresentação e a colaboração, em diversos momentos da pesquisa, de Isabel Monteiro Joffily, bolsista de iniciação científica do CNPq. Durante a preparação deste livro, beneficiei-me também de uma breve estadia em Oxford no início de 2005, e da possibilidade de ter acesso às bibliotecas da universidade, pelo que sou grato a Leslie Bethell, diretor do Centre for Brazilian Studies.

[2] As principais fontes utilizadas para as biografias de Morgan e Frazer foram, respectivamente, Carl Resek, *Lewis Henry Morgan: American Scholar* (Chicago: The University of Chicago Press, 1960) e Robert Ackerman, *J.G. Frazer: His Life and Work* (Cambridge: Cambridge University Press, 1987). Na falta de uma biografia consagrada sobre Tylor, vali-me de informações e referências dispersas em várias fontes.

[3] Lewis Henry Morgan, *League...* (Rochester: Sage & Brother, 1851, p.ix), tradução minha.

[4] A conexão entre o interesse de Morgan pela antropologia e pelo estudo dos castores talvez não tenha sido mera coincidência temporal, pois ambos en-

volviam postulados similares a respeito das operações mentais. Essa é a interpretação de Marc Swetlitz, em "The Minds of Beavers and the Minds of Humans. Natural Suggestion, Natural Selection, and Experiment in the Work of Lewis Henry Morgan", in: George Stocking, Jr. (org.), *Bones, Bodies, Behavior* (History of Anthropology, vol. 5) (Madison: The University of Wisconsin Press, 1988, p.56-83).

5 Carta a Joseph Henry, de 31 de maio de 1873, citada em Resek, op.cit., p.136-7, tradução minha. Apesar de privadamente Morgan considerar a teoria darwinista compatível com suas visões a respeito do progresso social, e de ter visitado Darwin (e outros evolucionistas) durante uma longa viagem à Europa em 1870-1871, não há, em seus escritos publicados, adesão explícita a essa teoria. Morgan nem mesmo usou, em toda sua obra, a palavra "evolução". É provável que ele tenha evitado aderir publicamente à teoria darwinista devido à fé religiosa de sua mulher e de seus amigos.

6 Cf. Emmanuel Terray, *O marxismo diante das sociedades primitivas* (Rio de Janeiro: Graal, 1979, p.29).

7 As citações foram retiradas da tradução brasileira incluída nas *Obras escolhidas de Marx e Engels*, vol. 3 (São Paulo: Alfa-Ômega, s/d).

8 Carta de 16 de fevereiro de 1884, citada por Terray, op.cit., p.29.

9 Ver, por exemplo, Robert Lowie, em *Historia de la etnología* (México: Fondo de Cultura Económica, 1946 [ed. original, 1937], p.72); Paul Bohannan, na introdução a *Houses and House-Life*... (Chicago: The University of Chicago Press, 1965, p.vi); e Fred W. Voget, em *A History of Ethnology* (Austin: Holt, Rinehart and Winston, 1975, p.155).

10 Citado em Resek, op.cit., p.123, tradução minha.

11 Ver, a esse respeito, "Morgan and Soviet Anthropological Thought", de P. Tolstoy (*American Anthropologist*, NS, vol. 54, nº 1, jan-mar 1952, p.8-17).

12 Os quacres, membros de uma seita protestante que se autodenomina Sociedade de Amigos, recusam todos os sacramentos e a hierarquia eclesiástica e proíbem os juramentos e o uso de armas. A palavra inglesa *quakers* é derivada do verbo "to quake", "tremer", uma referência ao temor a Deus ou ao êxtase da inspiração, durante as assembléias espirituais.

13 A edição original, à qual se referem as páginas citadas no texto, foi publicada em Londres por Longman, Green, Longman, and Roberts em 1861. As citações foram retiradas das páginas 328 e 329, e traduzidas por mim. Sobre a viagem ao México, consultei também "Tylor en México", de Pablo Martinez Del Rio, in: *Homenaje al Doctor Alfonso Caso* (México: Imprenta Nuevo Mundo, 1951, p.263-70).

[14] Para a história das sucessivas edições desse livro, ver George Stocking, Jr., "Reading the Palimpsest of Inquiry. Notes and Queries and the History of British Social Anthropology", in: George W. Stocking, Jr., *Delimiting Anthropology* (Madison: The University of Wisconsin Press, 2001, p.164-206.) Há uma versão para o português de uma edição posterior, sob o título de *Guia prático de antropologia. Preparado por uma comissão do Real Instituto de Antropologia da Grã-Bretanha e da Irlanda* (São Paulo: Cultrix, 1971).

[15] Publicado no *Journal of the Anthropological Institute*, vol. xviii, 1888-1889, p.245-72.

[16] Citado em Ackerman, *op.cit.*, p.95, tradução minha.

[17] Uma versão condensada de edições posteriores do livro foi publicada em português pela antiga Zahar Editores, em 1982.

[18] Carta de 24 de novembro de 1907, citada em Ackerman, *op.cit.*, p.209, tradução minha.

[19] Para essa tarefa, consultei principalmente os livros de George Stocking, Jr., *Race, Culture, and Evolution: Essays in the History of Evolution* (Chicago: The University of Chicago Press, 1982) e *Delimiting Anthropology* (op.cit.); Adam Kuper, *Invention of Primitive Society* (Londres: Routledge, 1988); Robert Carneiro, *Evolutionism in Cultural Anthropology* (Boulder: Westview Press, 2003); Angel Palerm, *Historia de la etnología: Tylor y los profesionales británicos* (México: Ediciones de la Casa Chata, 1977) e Peter J. Bowler, *Evolution — the History of an Idea* (Berkeley: University of California Press, 2003, 3ª ed.).

[20] Citado por Carneiro, op.cit., p.4, tradução minha.

[21] Em *Relativizando: Uma introdução à antropologia social* (Petrópolis: Vozes, 1981, p.99).

[22] Esse texto está incluído na coletânea de textos de Boas *Antropologia cultural*, por mim organizada e publicada por esta editora em 2004.

[23] A edição brasileira é da Abril Cultural, na coleção "Os pensadores".

[24] "Sir James George Frazer: um estudo biográfico", publicado em 1942 e incluído em *Uma teoria científica da cultura* (Rio de Janeiro: Zahar Editores, 1975, 3ª ed., p.167-206).

[25] Um exemplo disponível em português é o texto "Morgan e a antropologia contemporânea", de Terray, op.cit., p.15-91.

[26] Para uma crítica contundente da sociobiologia, escrita por um antropólogo cultural logo após a publicação do livro de Wilson, ver Marshall Sahlins, *The Use and Abuse of Biology: An Anthropological Critique of Sociobiology* (Ann Arbor: The University of Michigan Press, 1976).

Lewis Henry Morgan

A Sociedade Antiga

Ou investigações sobre as linhas do progresso humano desde a selvageria, através da barbárie, até a civilização.

[1877]

PREFÁCIO

A grande antigüidade da humanidade sobre a terra já foi conclusivamente determinada. Parece singular que as provas tenham sido descobertas tão recentemente, apenas nos últimos 30 anos, e que a atual geração seja a primeira chamada a reconhecer fato tão importante.

Sabe-se agora que a humanidade existiu na Europa durante o período glacial, e até mesmo antes de seu começo, havendo toda probabilidade de ter sido originada numa era geológica anterior. Sobreviveu a muitas raças de animais das quais foi contemporânea e, nos diversos ramos da família humana, passou por um processo de desenvolvimento tão notável nos caminhos seguidos quanto em seu progresso.

Como a provável extensão da carreira da humanidade está ligada a períodos geológicos, exclui-se, de antemão, qualquer medida limitada de tempo. Cem ou duzentos mil anos não seria uma estimativa excessiva do tempo transcorrido desde o desaparecimento das geleiras no hemisfério norte até o presente. Independentemente de quaisquer dúvidas que possam cercar os cálculos aproximados sobre um período cuja duração real não se conhece, a existência da humanidade estende-se pelo passado imensurável e se perde numa vasta e profunda antigüidade.

Esse conhecimento muda substancialmente as idéias que prevaleceram a respeito das relações dos selvagens com os bárbaros e dos bárbaros com os homens civilizados. Pode-se afirmar agora, com base em convincente evidência, que a selvageria precedeu a barbárie em todas as tribos da humanidade, assim como se sabe que a barbárie precedeu a civilização. A história da raça humana é uma só - na fonte, na experiência, no progresso.

É tão natural quanto apropriado desejar saber, se possível, como todas essas eras após eras de tempos passados foram utilizadas pela humanidade; como os selvagens, avançando através de passos lentos, quase imperceptíveis, alcançaram a condição mais elevada de bárbaros; como os bárbaros, por um avanço progressivo semelhante, finalmente alcançaram a civilização; e por que outras tribos e nações foram deixadas para trás na corrida para o progresso - algumas na civilização, algumas na barbárie e outras na selvageria. Não é demais esperar que, em algum momento, essas diversas questões sejam respondidas.

Invenções e descobertas mantêm relações seqüenciais ao longo das linhas do progresso humano e registram seus sucessivos estágios; por outro lado, as instituições sociais e civis, em virtude de sua conexão com perpétuos desejos humanos, desenvolveram-se a partir de uns poucos germes primários de pensamento. Elas exibem registros de progresso semelhantes. Essas instituições, invenções e descobertas incorporaram e preservaram os principais fatos que agora permanecem como ilustrativos dessa experiência. Quando organizadas e comparadas, tendem a mostrar a origem única da humanidade, a semelhança de desejos humanos em um mesmo estágio de avanço e a uniformidade das operações da mente humana em condições similares de sociedade.

Ao longo da última parte do período de selvageria e por todo o período de barbárie, a humanidade estava organizada, em geral, em *gentes*, fratrias e tribos.[1] Essas organizações prevaleceram, em todos os continentes, por todo o mundo antigo, e constituíam os meios através dos quais a sociedade antiga era organizada e mantida coesa. Sua estrutura e suas relações como membros de uma série orgânica, bem como os direitos, privilégios e obrigações dos membros das *gentes*, das fratrias e das tribos, ilustram o crescimento da idéia de governo na mente humana. As principais instituições da humanidade tiveram origem na selvageria, foram desenvolvidas na barbárie e estão amadurecendo na civilização.

Do mesmo modo, a família passou por formas sucessivas, e criou grandes sistemas de consangüinidade e afinidade que duram até os dias de hoje. Esses sistemas registram as relações existentes na família no período em que cada um, respectivamente, foi formado, e contêm um registro instrutivo da experiência da humanidade enquanto a família estava avançando da consangüinidade para a monogamia, passando por formas intermediárias.

A idéia de propriedade passou por um crescimento e um desenvolvimento semelhantes. Começando do zero, na selvageria, a paixão pela propriedade, como representando a subsistência acumulada, tornou-se agora dominante na mente humana nas raças civilizadas.

As quatro classes de fatos indicadas acima[2] se estendem em linhas paralelas ao longo dos caminhos percorridos pelo progresso humano, da selvageria à civilização, e constituem os principais temas de discussão deste volume.

Há um campo de trabalho no qual, como americanos, temos um interesse - bem como uma obrigação - especial. Sendo reconhecidamente abundante em riqueza material, o continente americano é também o mais rico de todos em materiais etnológicos, filológicos e arqueológicos que ilustram o grande período da barbárie. Como a humanidade foi uma só na origem, sua trajetória tem sido essencialmente uma, seguindo por canais diferentes, mas uniformes, em todos os continentes, e muito semelhantes em todas as tribos e nações da humanidade que se encontram no mesmo status de desenvolvimento. Segue-se daí que a história e a experiência das tribos indígenas americanas representam, mais ou menos aproximadamente, a história e experiência de nossos próprios ancestrais remotos, quando em condições correspondentes. Sendo uma parte do registro humano, suas instituições, artes, invenções e experiências práticas possuem um grande e especial valor que alcança muito mais do que apenas a raça indígena.

Quando descobertas, as tribos indígenas americanas representavam três períodos étnicos distintos, e mais completamente do que eram então representados em qualquer outra parte da terra. Materiais para a etnologia, filologia e arqueologia estavam disponíveis em abundância sem paralelo; mas, como essas ciências praticamente só passaram a existir no presente século, e são incipientemente exercidas entre nós ainda hoje, o trabalho a ser feito superava os trabalhadores. Além disso, enquanto os restos de fósseis enterrados serão mantidos na terra para o futuro estudante, o mesmo não acontecerá com o que sobra das artes, linguagens e instituições indígenas. Elas estão perecendo a cada dia, e tem sido assim por mais de três séculos. A vida étnica das tribos indígenas está declinando sob a influência da civilização americana; suas artes e linguagens estão desaparecendo e suas instituições estão se dissolvendo. Dentro de mais uns poucos anos, fatos que podem ser agora facilmente coletados serão impossíveis de descobrir. Tais circunstâncias apelam fortemente aos americanos para que entrem nesse amplo campo e colham sua abundante seara.

Rochester, Nova York, março de 1877

PARTE I – Desenvolvimento da inteligência através das invenções e descobertas

CAPÍTULO I – Períodos Étnicos

As mais recentes investigações a respeito das condições primitivas da raça humana estão tendendo à conclusão de que a humanidade começou sua carreira na base da escala e seguiu um caminho ascendente, desde a selvageria até a civilização, através de lentas acumulações de conhecimento experimental.

Como é inegável que partes da família humana tenham existido num estado de selvageria, outras partes num estado de barbárie e outras ainda num estado de civilização, parece também que essas três distintas condições estão conectadas umas às outras numa seqüência de progresso que é tanto natural como necessária. Além disso, é possível supor que essa seqüência tenha sido historicamente verdadeira para toda a família humana, até o status respectivo atingido por cada ramo. Essa suposição baseia-se no conhecimento das condições em que ocorre todo progresso, e também no avanço conhecido de diversos ramos da família através de duas ou mais dessas condições.

Nas páginas seguintes, será feita uma tentativa de apresentar evidência adicional da rudeza da condição primitiva da humanidade, da evolução gradual de seus poderes mentais e morais através da experiência, e de sua prolongada luta com os obstáculos que encontrava em sua marcha a caminho da civilização. Essas evidências estarão baseadas, em parte, na grande seqüência de invenções e descobertas que se estende ao longo de todo o caminho do progresso humano, mas levam em conta, principalmente, as instituições domésticas que expressam o crescimento de certas idéias e paixões.

À medida que avançamos na direção das idades primitivas da humanidade, seguindo as diversas linhas de progresso, e eliminamos, uma após outra, na ordem em que aparecerem, invenções e descobertas, de um lado, e instituições, de outro, tornamo-nos capazes de perceber que as primeiras têm uma relação progressiva entre si, enquanto as últimas foram se desdobrando. Ou seja: enquanto invenções e descobertas tiveram uma conexão mais ou menos direta, as instituições se desenvolveram a partir de uns poucos germes primários de pensamento. As instituições modernas têm suas raízes plantadas no período da barbárie, ao qual suas origens foram transmitidas a partir do período anterior de selvageria. Tiveram uma descendência linear através das idades, com as linhas de sangue, e também apresentaram um desenvolvimento lógico.

Duas linhas de investigação independentes convidam, assim, nossa atenção. Uma passa por invenções e descobertas; a outra, por instituições primárias. Com o conhecimento propiciado por essas linhas, podemos esperar indicar os principais estágios do desenvolvimento humano. As provas a serem apresentadas derivarão, principalmente, de instituições domésticas;

as referências a realizações de natureza estritamente intelectual serão de caráter geral e receberão atenção secundária aqui.

Os fatos indicam a formação gradual e o desenvolvimento subseqüente de certas idéias, paixões e aspirações. Aquelas que ocupam as posições mais proeminentes podem ser generalizadas como sendo ampliações das idéias particulares com as quais estão respectivamente conectadas. Além das invenções e descobertas, essas idéias são as seguintes:

I. *Subsistência*
II. *Governo*
III. *Linguagem*
IV. *Família*
V. *Religião*
VI. *Vida doméstica e arquitetura*
VII. *Propriedade*

Primeira. A subsistência foi aumentada e aperfeiçoada por uma série de artes sucessivas, introduzidas no decorrer de longos intervalos de tempo e conectadas mais ou menos diretamente com invenções e descobertas.

Segunda. O germe do governo deve ser buscado na organização por *gentes* no status de selvageria, e seguido, através de formas cada vez mais avançadas, até o estabelecimento da sociedade política.

Terceira. A fala humana parece ter se desenvolvido a partir das formas mais rudes e simples de expressão. A linguagem de gestos ou sinais, como sugerido por Lucrécio,[3] tem que ter precedido a linguagem articulada, assim como o pensamento precede a fala. O monossilábico precedeu o silábico, tal como esse precedeu as palavras concretas. A inteligência humana, inconsciente de propósito, desenvolveu a linguagem articulada utilizando os sons vocais. Esse grande tema, em si mesmo uma área específica de estudo, está fora do escopo da presente investigação.

Quarta. Com respeito à família, seus estágios de crescimento estão incorporados em sistemas de consangüinidade e afinidade e nos costumes relacionados ao casamento, por meio do qual, coletivamente, a história da família pode ser seguramente traçada através de diversas formas sucessivamente assumidas.

Quinta. O crescimento de idéias religiosas está cercado de tantas dificuldades intrínsecas que talvez nunca receba uma explicação perfeitamente satisfatória. A religião trata, em tão grande medida, da natureza imaginativa e emocional e, conseqüentemente, de tão incertos elementos do conhecimento, que todas as religiões primitivas são grotescas e, numa certa medida, ininteligíveis. Esse tema também está fora do plano deste trabalho, exceto quando puder trazer sugestões incidentais.

Sexta. A arquitetura da habitação, que está ligada à forma da família e ao plano de vida doméstica, permite uma ilustração razoavelmente completa do progresso desde a selvageria até a civilização. Seu crescimento pode ser traçado da cabana do selvagem, através das habitações comunais dos bárbaros, até a casa da família nuclear das nações civilizadas, com todos os vínculos sucessivos através dos quais um extremo está conectado ao outro. Esse tema será observado incidentalmente.

Última. A idéia de propriedade foi lentamente formada na mente humana, permanecendo em estado nascente e precário por imensos períodos de tempo. Surgindo durante a selvageria, requereu toda a experiência daquele período e da subseqüente barbárie para desenvolver-se e preparar o cérebro humano para a aceitação de sua influência controladora. Sua dominância, como uma paixão acima de todas as outras, marca o começo da civilização. Ela não apenas levou a humanidade a superar os obstáculos que atrasavam a civilização, mas também a estabelecer a sociedade política baseada no território e na propriedade. Um conhecimento crítico sobre a evolução da idéia de propriedade incorporaria, em alguns aspectos, a parte mais notável da história mental da humanidade.

Tratarei de apresentar alguma evidência do progresso humano ao longo dessas diversas linhas e através de sucessivos períodos étnicos, tal como revelado por invenções e descobertas e pelo crescimento das idéias de governo, família e propriedade.

Pode ser explicitada aqui a premissa de que todas as formas de governo são redutíveis a dois planos gerais, usando a palavra plano em seu sentido científico. Em suas bases, os dois são fundamentalmente distintos. O primeiro a surgir está baseado em pessoas e em relações puramente pessoais, e pode ser distinguido como uma sociedade (*societas*). A *gens* é a unidade dessa organização. No período arcaico, ocorreram estágios sucessivos de integração: a *gens*, a fratria, a tribo e a confederação de tribos, que constituíam um povo ou nação (*populus*). Num período posterior, uma coalescência de tribos na mesma área, formando uma nação, tomou o lugar da confederação de tribos ocupando áreas independentes. Assim ocorreu, através de prolongadas eras, após o aparecimento da *gens*, a organização quase universal da sociedade antiga; e perdurou entre os gregos e romanos após o surgimento da civilização.

O segundo plano é baseado no território e na propriedade, e pode ser distinguido como um estado (*civitas*). A vila ou distrito, circunscrita por limites e cercas, com a propriedade que contém, é a base ou unidade do estado, e a sociedade política é seu resultado. Essa está organizada sobre áreas territoriais e trata da propriedade e das pessoas, através de relações territoriais. Os sucessivos estágios de integração são a vila ou distrito, que é a unidade de organização; o condado ou província, que é uma agregação de vilas ou distritos; e o domínio ou território nacional, que é uma agregação de condados ou províncias; e o povo de cada uma delas está organizado em um corpo político. Após terem alcançado a civilização, coube aos gregos e romanos, usando suas capacidades até o limite, inventar a vila e o distrito e, assim, inaugurar o segundo grande plano de governo, que permanece até o presente entre as nações civilizadas. Na sociedade antiga, esse plano territorial era desconhecido. Quando ele apareceu, fixou as linhas de fronteira entre a sociedade antiga e a moderna, nomes com os quais a distinção será reconhecida nestas páginas.

Pode-se observar também que as instituições domésticas dos bárbaros, e mesmo dos ancestrais selvagens da humanidade, ainda estão exemplificadas em partes da família humana, e com tamanha completude que, exceto pelo período estritamente primitivo, os diversos estágios desse progresso estão razoavelmente preservados. Eles são vistos na organização da sociedade com base no sexo, depois com base no parentesco e, finalmente, com base no território; através das sucessivas formas de casamento e de família, com os sistemas de consangüinidade assim criados; através da vida familiar e de sua arquitetura, e através do progresso nos usos relativos à propriedade e à transmissão da mesma por herança.

A teoria da degradação humana para explicar a existência dos selvagens e dos bárbaros já não é mais sustentável. Ela apareceu como um corolário da cosmogonia mosaica[4] e foi aceita a partir de uma suposta necessidade que já não existe. Como teoria, é não apenas incapaz de explicar a existência de selvagens como também não encontra suporte nos fatos da experiência humana.

Os remotos ancestrais das nações arianas presumivelmente passaram por uma experiência similar à das tribos bárbaras e selvagens existentes. Embora a experiência dessas nações contenha toda a informação necessária para ilustrar os períodos de civilização tanto antigos quanto modernos, e também uma parte do último período de barbárie, sua experiência anterior tem que ser deduzida, em sua maior parte, da conexão que pode ser traçada entre os elementos de suas instituições e inventos existentes e os elementos similares ainda preservados nas instituições e inventos das tribos selvagens e bárbaras.

Pode ser observado, finalmente, que a experiência da humanidade tem seguido por canais quase uniformes; que as necessidades humanas, em condições similares, têm sido substancialmente as mesmas; e que as operações de princípio mental têm sido uniformes em virtude da identidade específica do cérebro em todas as raças da humanidade. Isso, no entanto, é apenas uma parte da explicação da uniformidade dos resultados. Os germes das principais instituições e artes da vida foram desenvolvidos enquanto o homem ainda era um selvagem. Em larga medida, a experiência dos períodos subseqüentes de barbárie e de civilização foi plenamente utilizada no desenvolvimento que se seguiu a essas concepções originais. Onde quer que se possa traçar uma conexão, em diferentes continentes, entre uma instituição hoje existente e uma origem comum, estará implícito que os próprios povos derivam de um estoque original comum.

A discussão dessas diversas classes de fatos será facilitada pelo estabelecimento de um certo número de períodos étnicos, cada um representando uma condição distinta de sociedade e podendo ser distinguido dos outros por seu modo de vida peculiar. Os termos "Idade da *Pedra*", "do *Bronze*" e "do *Ferro*", introduzidos por arqueólogos dinamarqueses, têm sido extremamente úteis para certos propósitos, e continuarão a sê-lo para a classificação de objetos de arte antiga; mas o progresso do conhecimento tornou necessárias outras e diferentes subdivisões. Implementos de pedra não foram totalmente deixados de lado com a introdução das ferramentas de ferro nem das de bronze. A invenção do processo de fundição do minério de ferro criou uma época étnica, mas dificilmente podemos datar uma outra que se tenha iniciado com a produção do bronze. Além disso, como a época dos implementos de pedra se sobrepõe aos períodos dos instrumentos de bronze e ferro, e como a do bronze também se sobrepõe à do ferro, não é possível circunscrever cada um desses períodos e tratá-los como independentes e distintos.

Dada a grande influência que devem ter exercido sobre a condição da humanidade, as sucessivas artes de subsistência, surgidas a longos intervalos, provavelmente virão a possibilitar, ao final, bases mais satisfatórias para essas divisões. Mas a pesquisa não foi levada suficientemente longe nessa direção para produzir a informação necessária. Com nosso conhecimento atual, o principal resultado pode ser obtido selecionando outras invenções ou descobertas que permitam suficientes testes de progresso para caracterizar o começo de sucessivos períodos étnicos. Mesmo que sejam aceitos como provisórios, esses períodos se revelarão convenientes e úteis. Veremos como cada um dos que serão propostos em seguida cobrirá uma cultura distinta e representará um modo de vida particular.

O período de selvageria, de cuja parte mais antiga sabe-se muito pouco, pode ser dividido, provisoriamente, em três subperíodos. Esses podem ser chamados de período *inicial*, *intermediário* ou *final* de selvageria; e a condição da sociedade em cada um, respectivamente, pode ser distinguida como status *inferior*, *intermediário* ou *superior* de selvageria.

Da mesma forma, o período de barbárie se divide naturalmente em três subperíodos, que serão chamados de período *inicial*, *intermediário* ou *final* de barbárie; e a condição da sociedade em cada, respectivamente, será distinguida como status *inferior*, *intermediário* ou *superior* de barbárie.

Para marcar o começo desses diversos períodos, é difícil, se não impossível, encontrar testes de progresso que se revelem absolutos em sua aplicação e sem exceções em todos os continentes. Mas também não é necessário, para o propósito em mãos, que não existam exceções. Será suficiente que as principais tribos da humanidade possam ser classificadas, de acordo com o grau de seu progresso relativo, em condições que possam ser reconhecidas como distintas.

I. *Status inferior de selvageria.* Esse período começou com a infância da raça humana, e pode-se dizer que terminou com a aquisição de uma dieta de subsistência à base de peixes e com um conhecimento do uso do fogo. A humanidade estava então vivendo em seu habitat original restrito, subsistindo com frutas e castanhas. O começo da fala articulada ocorre nesse período. Não restou, no período histórico, nenhum exemplo de tribos da humanidade nessa condição.

II. *Status intermediário de selvageria.* Começou com a aquisição de uma dieta de subsistência baseada em peixes e com um conhecimento do uso do fogo, e terminou com a invenção do arco-e-flecha. A humanidade, enquanto nessa condição, espalhou-se, a partir de seu habitat original, por grande parte da superfície da terra. Entre tribos ainda existentes, encaixam-se no status intermediário de selvageria, por exemplo, os australianos e a maior parte dos polinésios, quando descobertos. Será suficiente dar um ou mais exemplos de cada status.

III. *Status superior de selvageria.* Começou com a invenção do arco-e-flecha e terminou com a invenção da arte da cerâmica. No tempo de sua descoberta, encontravam-se no status superior de selvageria as tribos dos atapascos, no território da baía de Hudson, as tribos do vale do Columbia e certas tribos costeiras da América do Norte e do Sul. Isso encerra o período de Selvageria.

IV. *Status inferior de barbárie.* Quando se levam em conta todos os aspectos, a invenção ou prática da arte da cerâmica é, provavelmente, o teste mais efetivo e conclusivo que se pode escolher para fixar uma linha demarcatória, necessariamente arbitrária, entre a selvageria e a barbárie. Há muito foram reconhecidas as especificidades de cada uma das duas condições, mas não se produziu, desde então, nenhum critério para definir etapas de progresso de uma condição para a outra. Assim, todas as tribos que nunca alcançaram a arte da cerâmica serão classificadas como selvagens, e aquelas que possuem essa arte, mas nunca chegaram a um alfabeto fonético e ao uso da escrita, serão classificadas como bárbaras.

O primeiro subperíodo da barbárie começou com a manufatura de objetos de cerâmica, seja por invenção original ou por adoção. Para determinar seu término e o começo do status intermediário, encontramos a dificuldade de os dois hemisférios terem características naturais distintas, o que começou a ter influência sobre os negócios humanos depois de passado o período da selvageria. No entanto, pode-se resolver isso com a adoção de equivalentes. A domesticação de animais no hemisfério oriental e, no ocidental, o cultivo irrigado de milho e plantas, junto com o uso de tijolos de adobe e pedras na construção de casas, foram selecionados como evidência suficiente de avanços para possibilitar a transição do status inferior para o status intermediário da barbárie. No status inferior estão, por exemplo, as tribos indígenas a leste do rio Missouri, nos Estados Unidos, e aquelas tribos da Europa e da Ásia que praticavam a arte da cerâmica, mas não tinham animais domésticos.

V. *Status intermediário de barbárie.* Começou com a domesticação de animais no hemisfério oriental e, no ocidental, com a agricultura de irrigação e com o uso de tijolos de adobe e pedras na arquitetura, como mostrado. Seu término pode ser fixado pela invenção do processo de forjar o minério de ferro. Isso situa no status intermediário, por exemplo, os índios *pueblos* do Novo México, do México, da América Central e do Peru, e aquelas tribos do hemisfério oriental que possuíam animais domésticos, mas não tinham um conhecimento do ferro. Numa certa medida, os antigos bretões, embora familiarizados com o uso do ferro, também pertencem a essa subdivisão. A vizinhança com tribos continentais mais adiantadas havia avançado as artes de subsistência entre eles muito além do que correspondia ao estado de desenvolvimento de suas instituições domésticas.

VI. *Status superior de barbárie.* Começou com a manufatura de ferro e terminou com a invenção do alfabeto fonético e o uso da escrita em composição literária. Aqui começa a civilização.

Isso põe no status superior, por exemplo, as tribos gregas da idade de Homero, as tribos italianas logo antes da fundação de Roma e as tribos germânicas do tempo de César.

VII. *Status de civilização*. Começou, como dito, com o uso do alfabeto fonético e a produção de registros literários, e se divide em *Antigo* e *Moderno*. Como um equivalente, pode-se admitir a escrita hieroglífica em pedra.

RECAPITULAÇÃO

Períodos	Condições	
I. Período inicial de selvageria	Status inferior de selvageria	Da infância da raça humana até o começo do próximo período.
II. Período intermediário de selvageria	Status intermediário de selvageria	Da aquisição de uma dieta de subsistência à base de peixes e de um conhecimento do uso do fogo até etc.
III. Período final de selvageria	Status superior de selvageria	Da invenção do arco-e-flecha até etc.
IV. Período inicial de barbárie	Status inferior de barbárie	Da invenção da arte da cerâmica até etc.
V. Período intermediário de barbárie	Status intermediário de barbárie	Da domesticação de animais no hemisfério oriental e, no ocidental, do cultivo irrigado de milho e plantas, com o uso de tijolos de adobe e pedras, até etc.
VI. Período final de barbárie	Status superior de barbárie	Da invenção do processo de fundir minério de ferro, com o uso de ferramentas de ferro, até etc.
VII. Status de civilização	Status de civilização	Da invenção do alfabeto fonético, com o uso da escrita, até o tempo presente.

Cada um desses períodos tem uma cultura distinta e exibe seu modo de vida mais ou menos especial e peculiar. Essa especialização de períodos étnicos possibilita tratar uma sociedade específica de acordo com suas condições de avanço relativo, e tomá-la como um tema independente para estudo e discussão. Não afeta o resultado principal o fato de que, num mesmo tempo, diferentes tribos e nações do mesmo continente, e até da mesma família lingüística, estejam em diferentes condições, pois, para nosso propósito, a *condição* de cada uma é o fato material, o *tempo* sendo imaterial.

[...][5]

Outra vantagem de fixar períodos étnicos definidos é que isso possibilita orientar uma investigação especial para aquelas tribos e nações que oferecem a melhor exemplificação de cada status, a fim de tornar cada caso tanto um padrão quanto um elemento ilustrativo. Algumas tribos e famílias foram deixadas em isolamento geográfico para resolver os problemas do progresso através de esforço mental original e, conseqüentemente, mantiveram suas artes e instituições puras e homogêneas, enquanto aquelas de outras tribos e nações foram adulteradas pela influência externa. Assim, enquanto a África era e é um caos étnico de selvageria e barbárie, a Austrália e a Polinésia estavam na selvageria pura e simples, com as artes e instituições próprias daquela condição. Da mesma forma, a família indígena da América, diferente de qualquer outra existente, exemplificava a condição da humanidade em três períodos étnicos sucessivos. Na posse não perturbada de um grande continente, com uma linhagem comum e com instituições homogêneas, aqueles indígenas ilustravam, quando descobertos, cada uma dessas condições, e especialmente as condições dos status inferior e intermediário de barbárie; e isso se dava de uma forma mais elaborada e mais completa que entre qualquer outra parcela da humanidade. Os índios do extremo norte e algumas das tribos costeiras da América do Norte e do Sul estavam no status superior de selvageria; os índios parcialmente aldeados, a leste do Mississipi, estavam no status inferior de barbárie, e os *pueblos* da América do Norte e do Sul estavam no status intermediário. Dentro do período histórico, ainda não houvera uma oportunidade como essa para se recuperar uma informação completa e minuciosa sobre o curso da experiência e do progresso humanos no desenvolvimento de suas artes e instituições através desses períodos sucessivos. Deve-se acrescentar que a oportunidade tem sido aproveitada de maneiras desiguais. Nossas maiores deficiências estão relacionadas ao último período nomeado.

Sem dúvida, existiam diferenças entre culturas do mesmo período nos hemisférios oriental e ocidental, em conseqüência das características desiguais de cada continente; mas a condição da sociedade no status correspondente tem que ter sido, em sua maior parte, substancialmente semelhante.

Os ancestrais das tribos gregas, romanas e germânicas passaram pelos estágios que indicamos, e, na metade do último, a luz da história caiu sobre eles. Sua diferenciação da massa indistinguível de bárbaros não ocorreu, provavelmente, antes do começo do período intermediário de barbárie. A experiência dessas tribos foi perdida, com exceção de tudo que é representado pelas instituições, invenções e descobertas que trouxeram com eles e que possuíam quando pela primeira vez se encontraram sob observação histórica. As tribos gregas e latinas dos períodos de Homero e Rômulo permitem a melhor exemplificação do status superior de barbárie. Suas instituições eram, igualmente, puras e homogêneas, e sua experiência está diretamente conectada com a chegada, por fim, à civilização.

Começando, então, com os australianos e polinésios, seguindo com as tribos de índios americanos e concluindo com os romanos e gregos, que permitem as mais elevadas exemplificações, respectivamente, dos seis grandes estágios do progresso humano, é bastante razoável supor que a soma de suas experiências unidas representa a experiência da família humana desde o status intermediário de selvageria até o final da civilização antiga. Conseqüentemente, as nações arianas encontrarão o tipo correspondente à condição de seus ancestrais remotos, quando na selvageria, nas condições dos australianos e polinésios; quando no status inferior de barbárie, nos índios semi-aldeados da América; e, quando no status intermediário, nas condições dos índios *pueblos*, com as quais se conecta diretamente sua própria experiência no status superior. Tão essencialmente idênticos em todos os continentes são as artes, instituições e o modo de vida no mesmo status, que a forma arcaica das principais instituições domésticas dos gregos e romanos pode ser vista, ainda hoje, nas instituições correspondentes dos aborígines americanos, como será mostrado no curso deste volume. Esse fato constitui uma parte da evidência acumulada tendente a mostrar que as principais instituições da humanidade foram desenvolvidas a partir de uns poucos germes primários de pensamento; e que o curso e o modo de seu desenvolvimento foram predeterminados, bem como mantidos dentro de estreitos limites de divergência, pela lógica natural da mente humana e pelas necessárias limitações de seus poderes. Descobriu-se que, num mesmo status, o tipo de progresso foi substancialmente o mesmo em tribos e nações habitando continentes diferentes e até mesmo não conectados, com desvios da uniformidade ocorrendo em casos particulares e sendo produzidos por causas especiais. O argumento, quando desenvolvido, tende a estabelecer a unidade de origem da humanidade.

Ao estudar as condições de tribos e nações nesses diversos períodos étnicos, estamos lidando, substancialmente, com a história antiga e com as antigas condições de nossos próprios remotos ancestrais.

Notas

[1] Optou-se por manter no original a palavra latina *gens* (plural, *gentes*), por não possuir correspondente em português. Seu uso disseminou-se principalmente após a publicação, em 1864, de *A cidade antiga*, de Fustel de Coulanges. Esse autor buscou apresentar as características arcaicas da organização social grega e romana, estendendo-as também para os povos indo-europeus. Na *gens*: "Lar, túmulo, patrimônio, na origem tudo isso era indivisível. E a família também, conseqüentemente. O tempo não a desmembrava. Essa família indivisível, que se desenvolvia através das eras perpetuando o seu culto e o seu nome pelos séculos afora, foi a verdadeira *gens*. A *gens* era a família, porém a família que conservara a unidade ordenada pela sua religião e alcançara todo o desenvolvimento que o antigo direito privado lhe permitia atingir." (Rio de Janeiro: Ediouro, 2003, p.143) A evolução da sociedade teria levado à associação de *gentes* em fratrias ou cúrias, nas quais cada *gens* mantinha sua religião e governo domésticos, mas surgiam uma divindade e autoridades comuns. Segundo Coulanges, "a associação continuou crescendo naturalmente, segundo o mesmo sistema. Muitas cúrias ou fratrias agruparam-se e formaram uma tribo. Esse novo círculo também teve a sua religião; em cada tribo houve um altar e uma divindade protetora." (p.157) (N. Org.)

[2] Isto é: invenções e descobertas, governo, família e propriedade, cada qual correspondendo a uma parte do livro *Ancient Society*. (N.T.)

[3] Tito Lucrecio Caro (96-55 a.C.), filósofo e poeta romano, autor de *De rerum natura*. (N.T.)

[4] A explicação bíblica para a criação da humanidade. (N.T.)

[5] Foram aqui suprimidas três páginas do texto original nas quais se discutem, com detalhes técnicos que não são fundamentais para o objetivo desta coletânea, as razões para a adoção do uso da cerâmica como marco de separação de períodos étnicos. A idéia central de Morgan é que "A manufatura de cerâmica pressupõe uma vida aldeã e considerável progresso nas artes simples." (N. Org.)

Edward Burnett Tylor

A Ciência da Cultura

[1871]

Cultura ou Civilização, tomada em seu mais amplo sentido etnográfico, é aquele todo complexo que inclui conhecimento, crença, arte, moral, lei, costume e quaisquer outras capacidades e hábitos adquiridos pelo homem na condição de membro da sociedade. A situação da cultura entre as várias sociedades da humanidade, na medida em que possa ser investigada segundo princípios gerais, é um tema adequado para o estudo de leis do pensamento e da ação humana. De um lado, a uniformidade que tão amplamente permeia a civilização pode ser atribuída, em grande medida, à ação uniforme de causas uniformes; de outro, seus vários graus podem ser vistos como estágios de desenvolvimento ou evolução, cada um resultando da história prévia e pronto para desempenhar seu próprio papel na modelagem da história do futuro. À investigação desses dois grandes princípios em vários departamentos da etnografia, com atenção especial à civilização das tribos inferiores como relacionada com a civilização das nações mais elevadas, está dedicado este livro.

Nossos modernos investigadores das ciências da natureza inorgânica são os primeiros a reconhecer, tanto dentro quanto fora de seus campos especializados de trabalho, a unidade da natureza, a fixidez de suas leis, a seqüência definida de causa e efeito ao longo da qual todo fato depende do que se passou antes dele e atua sobre o que vem depois. Eles se apegam firmemente à doutrina pitagórica da ordem que permeia o Cosmo universal. Afirmam, com Aristóteles, que a natureza não é cheia de episódios incoerentes, como uma tragédia ruim. Concordam com Leibniz naquilo que ele chama "meu axioma: a natureza nunca dá saltos (*la nature n'agit jamais par saut*)," e seguem seu "grande princípio, usualmente pouco empregado, de que nada acontece sem razão suficiente". Mesmo quando se estudam a estrutura e os hábitos de plantas e animais, ou se investigam as funções inferiores inclusive dos seres humanos, essas idéias centrais não são ignoradas. Mas, quando passamos a falar dos mais altos processos do sentimento e da ação humana – de pensamento e linguagem, conhecimento e arte –, aparece uma mudança no tom geral das opiniões. Como um todo, o mundo está mal preparado para aceitar o estudo da vida humana como um ramo da ciência natural e para, num sentido amplo, seguir a exigência do poeta de "considerar a moral como as coisas naturais".[1] Para muitas mentes educadas, parece haver algo insolente e repulsivo na idéia de que a história da humanidade seja uma parte essencial da história da natureza; de que nossos pensamentos, desejos e ações funcionem de acordo com leis tão definidas quanto aquelas que governam o movimento das ondas, a combinação de ácidos e alcalinos e o crescimento de plantas e animais.

As principais razões de ser esse o julgamento popular não são difíceis de encontrar. Existem muitos que voluntariamente aceitariam uma ciência da história se essa fosse apresentada com substancial definição de princípio e evidência, mas que, não sem razão, rejeitam os sistemas oferecidos a eles por considerá-los muito distantes de um padrão científico. Através de resistências como essas, mais cedo ou mais tarde o conhecimento verdadeiro acaba abrindo seu caminho, e o hábito de se opor a novidades presta tão excelente serviço contra as invasões de dogmatismo especulativo que, às vezes, podemos até desejar que fosse mais forte do que é. Mas outros obstáculos à investigação das leis da natureza humana surgem de considerações metafísicas e teológicas. A noção popular do livre-arbítrio do homem envolve não apenas a liberdade de agir de acordo com motivações, mas também um poder de se afastar da continuidade e de agir sem causa – uma combinação que pode ser grosseiramente ilustrada pela alegoria de uma balança que, às vezes, age de sua maneira habitual, mas que também possui a faculdade de mudar por si mesma, independentemente dos pesos ou contra eles. Essa idéia de uma ação anômala da vontade – que, desnecessário dizer, é incompatível com o argumento científico – subsiste como uma opinião patente ou latente nas mentes dos homens, afetando fortemente suas visões teóricas da história, embora, como regra, não seja proeminentemente utilizada numa argumentação sistemática. Na verdade, a definição de vontade humana como estritamente correspondente à motivação é a única base científica possível em tais pesquisas. Felizmente, não é necessário ampliar aqui a lista de dissertações sobre intervenção sobrenatural e causação natural, sobre liberdade, predestinação e responsabilização. Podemos avidamente escapar das regiões da filosofia transcendental e da teologia para começar uma jornada mais promissora por caminhos mais viáveis. Ninguém negará que causas definidas e naturais de fato determinam, em grande medida, a ação humana – e isso o homem sabe, pela evidência de sua própria consciência. Então, deixando de lado considerações de interferência extranatural e espontaneidade não causal, tomemos essa admitida existência de causa e efeito naturais como nosso terreno firme, e andemos sobre ele enquanto nos der apoio. É sobre essa mesma base que, com sucesso crescente, a ciência física empreende sua busca das leis da natureza. Tampouco é necessário que essa restrição prejudique o estudo científico da vida humana, no qual existem reais dificuldades práticas decorrentes da enorme complexidade da evidência e da imperfeição dos métodos de observação.

Parece que, agora, essa idéia da vontade e da conduta humanas como sujeitas a uma lei precisa é, na verdade, reconhecida e observada pelas mesmas pessoas que se opõem a ela quando apresentada em termos abstratos como um princípio geral, reclamando que ela aniquila o livre-arbítrio do homem, destrói seu senso de responsabilidade pessoal e o põe na condição degradada de uma máquina sem alma. Ainda assim, aquele que diz essas coisas passará muito de sua própria vida estudando os motivos que conduzem à ação humana, buscando realizar seus desejos através deles, construindo em sua mente teorias de caráter pessoal, calculando os efeitos prováveis de novas combinações e dando a seu raciocínio o atributo supremo de verdadeira investigação científica; e, caso seus cálculos se revelem errados, presumirá que sua evidência era falsa ou incompleta, ou que seu julgamento foi falacioso. Essa pessoa resumirá a experiência de anos gastos em complexas relações com a sociedade declarando estar convencida de que existe uma razão para tudo na vida, e que, onde os eventos parecem inexplicáveis, a regra é aguardar e vigiar, na esperança de que a chave do problema possa um dia ser encontrada. A observação desse homem pode ter sido tão limitada quanto são cruas e preconceituosas suas inferências, mas, ainda assim, ele terá agido como um filósofo indutivo durante "mais de 40 anos sem se dar conta".[2] Ele reconheceu, na prática, as leis precisas do pensamento e da ação humana, e simplesmente eliminou, em seus próprios estudos da vida, todo aquele tecido formado por desejos sem motivo e espontaneidades sem causa. Presume-se aqui que, dessa mesma forma, esse tecido deva ser descartado em estudos mais amplos, e que a verdadeira filosofia da história esteja em ampliar e melhorar os métodos das pessoas comuns que formam seus julgamentos a partir de fatos e os checam com novas evidências. Quer a doutrina seja uma verdade completa ou apenas parcial, ela aceita a condição mesma sob a qual buscamos novo conhecimento nas lições da experiência, e, numa palavra, todo o curso de nossa vida racional está baseado nela.

"Um evento é sempre filho de outro, e não devemos nunca esquecer o parentesco" - esse foi o comentário feito por um chefe banto a Casalis, o missionário africano.[3] Assim, em todos os tempos, os historiadores, na medida em que pretenderam ser mais que meros cronistas, fizeram o melhor possível para mostrar não meramente a sucessão, mas sim a conexão entre os eventos que registravam. Além disso, esforçaram-se para extrair princípios gerais da ação humana e, através deles, explicar eventos particulares, afirmando expressamente, ou tomando tacitamente como um dado, a existência de uma filosofia da história. Se alguém negar a possibilidade de assim se estabelecerem leis históricas, a resposta está pronta, dada por Boswell a Johnson num caso como esse: "Então, o senhor reduziria toda a história a não mais que um almanaque."[4] O fato de que, apesar de tudo, os esforços de tantos pensadores eminentes tenham trazido a história somente até o limiar da ciência não precisa causar espanto aos que consideram a desconcertante complexidade dos problemas que se apresentam diante do historiador geral. A evidência da qual ele tem que retirar suas conclusões é, ao mesmo tempo, tão multivariada e tão duvidosa, que dificilmente se obtém uma visão completa e distinta de seu peso sobre uma questão particular; assim, torna-se simplesmente irresistível a tentação de deturpar a evidência para fazê-la apoiar alguma improvisada teoria do curso dos eventos. A filosofia da história como um todo, explicando o passado e predizendo os futuros fenômenos da vida do homem com referência a leis gerais, é, de fato, no atual estado de conhecimento, um tema com o qual mesmo gênios respaldados por ampla pesquisa, parecem apenas precariamente capazes de lidar. Ainda assim, existem partes dela que, embora bastante difíceis, parecem comparativamente mais acessíveis. Se o campo de pesquisa for reduzido da História como um todo para aquele ramo aqui chamado Cultura – a história não de tribos ou nações, mas da condição de conhecimento, religião, arte, costumes e semelhanças entre elas –, a tarefa da investigação revela-se limitada a um âmbito muito mais razoável. Ainda enfrentamos o mesmo tipo de dificuldades que cercam o tema mais amplo, mas em número muito mais reduzido. A evidência já não é tão erraticamente heterogênea, e pode ser mais facilmente classificada e comparada, enquanto a possibilidade de se livrar de material irrelevante e tratar cada questão dentro de seu apropriado conjunto de fatos faz com que, de modo geral, a argumentação rigorosa esteja mais disponível do que na história geral. Isso pode surgir de um breve exame preliminar do problema: como o fenômeno da Cultura pode ser classificado e arranjado, estágio por estágio, numa ordem provável de evolução.

Pesquisados a partir de uma ampla perspectiva, o caráter e o hábito da humanidade exibem, de imediato, aquela similaridade e consistência de fenômenos expressas no provérbio italiano: "o mundo todo é uma aldeia" (*tutto il mondo è paese*). A partir da semelhança geral da natureza humana, de um lado, e da semelhança geral das circunstâncias de vida, de outro, essa similaridade e essa consistência podem, sem dúvida, ser traçadas, sendo estudadas com especial proveito na comparação de raças que se encontram em torno do mesmo grau de civilização. Existe pouca necessidade de se respeitar, em tais comparações, data na história ou lugar no mapa; o antigo habitante dos lagos suíços pode ser posto ao lado do asteca medieval, e o ojíbua da América do Norte ao lado do zulu do sul da África. Como disse o doutor Johnson, de maneira depreciativa, quando leu sobre os patagões e os ilhéus dos Mares do Sul nas *Voyages* de Hawkesworth,[5] "um grupo de selvagens é igual a outro". Quão verdadeira essa generalização realmente é, qualquer museu etnológico pode mostrar. Examine, por exemplo, os instrumentos amolados e de ponta nessa coleção; o inventário inclui machadinha, enxó, cinzel, faca, serra, raspadeira, broca, agulha, lança e cabeça de flecha, e, desses, a maior parte, se não a totalidade, pertence, com pequenas diferenças de detalhes, às mais variadas raças. O mesmo se passa com as ocupações selvagens: cortar madeira, pescar com rede e linha, caçar com funda e lança, fazer fogo, cozinhar, enrolar fios e trançar cestas repetem-se com maravilhosa uniformidade nas prateleiras dos museus que ilustram a vida das raças inferiores, de Kamchatka[6] à Terra do Fogo, e do Daomé ao Havaí. Mesmo quando se trata de comparar hordas bárbaras com nações civilizadas, uma consideração impõe-se a nossas mentes: até que ponto cada item da vida das raças inferiores transforma-se em procedimentos análogos nas raças superiores, sob formas não tão mudadas que não possam ser reconhecidas e, às vezes, praticamente intocadas? Veja o moderno camponês europeu usando seu machado e sua enxada, veja sua comida fervendo ou assando num fogo de lenha, observe o lugar exato reservado à cerveja no cálculo de sua felicidade, ouça suas histórias do fantasma na casa assombrada mais próxima e da sobrinha do fazendeiro, enfeitiçada com nó nas tripas, que entrou em convulsão e morreu. Se selecionarmos assim coisas que pouco se alteraram no longo curso dos séculos, podemos desenhar um quadro em que estarão, quase lado a lado, um lavrador inglês e um negro da África Central. Estas páginas estarão tão povoadas de mostras dessa correspondência entre a humanidade que não há necessidade de entrar nesses detalhes aqui, mas isso pode ser usado, desde já, para pôr de lado um problema que complicaria o argumento, ou seja, a questão da raça. Para o presente propósito, parece tanto possível quanto desejável eliminar considerações de variedades hereditárias, ou raças humanas, e tratar a humanidade como homogênea em natureza, embora situada em diferentes graus de civilização. Os detalhes da pesquisa provarão, parece-me, que estágios de cultura podem ser comparados sem se levar em conta o quanto tribos que usam o mesmo implemento, seguem o mesmo costume ou acreditam no mesmo mito podem diferir em sua configuração corporal e na cor de pele e cabelo.

Um primeiro passo no estudo da civilização é dissecá-la em detalhes e, em seguida, classificá-los em seus grupos apropriados. Assim, ao examinar as armas, elas devem ser classificadas como lança, maça, funda, arco-e-flecha, e assim por diante; entre as artes têxteis, devem constar tapeçaria, confecção de redes e diversos graus de complexidade no fazer e tecer fios; os mitos estão divididos em tópicos como mitos do nascer do sol e do poente, do eclipse, do terremoto, mitos locais que usam algum conto fantástico para explicar os nomes de lugares, mitos epo- nímicos que explicam a ascendência de uma tribo transformando seu nome no de um ancestral imaginário; no grupo dos ritos e cerimônias, ocorrem práticas como os vários tipos de sacrifícios para os fantasmas dos mortos e para outros seres espirituais, o voltar-se para o leste para orar, a purificação de impureza cerimonial ou moral usando água ou fogo. Tais são uns poucos exemplos variados de uma lista de centenas, e o trabalho do etnógrafo é classificar esses detalhes com vista a estabelecer sua distribuição na geografia e na história e as relações existentes entre eles. Em que consiste essa tarefa é um ponto que pode ser quase perfeitamente ilustrado comparando esses detalhes de culturas com as espécies de plantas e animais tal como estudadas pelo naturalista. Para o etnógrafo, o arco-e-flecha é uma espécie, o hábito de achatar os crânios das crianças é uma espécie, a prática de contar os números por dezenas é uma espécie. A distribuição geográfica delas e sua transmissão de região a região têm de ser estudadas como o naturalista estuda a geografia de suas espécies botânicas e zoológicas. Assim como certas plantas e animais são peculiares a determinados distritos, isso também ocorre com instrumentos como o bumerangue australiano, a vareta-e-canaleta polinésia para fazer fogo, a minúscula flecha usada como uma lanceta por tribos na região do istmo do Panamá [a zarabatana]; e, da mesma forma, com muito da arte, do mito ou de costumes encontrados isoladamente em um campo particular. Assim como o catálogo de todas as espécies de plantas e animais de um distrito representa sua flora e fauna, a lista de todos os itens da vida geral de um povo representa aquele todo que chamamos sua cultura. E, assim como regiões distantes tão freqüentemente produzem vegetais e animais análogos, embora de forma alguma idênticos, o mesmo ocorre com os detalhes da civilização de seus habitantes. O quão boa realmente é a analogia operacional entre a difusão de plantas e animais e a difusão da civilização torna-se bem aparente quando notamos o quanto ambas foram simultaneamente produzidas pelas mesmas causas: numa região após outra, as mesmas causas que introduziram na civilização as plantas cultivadas e os animais domésticos trouxeram com eles uma arte e um conhecimento correspondentes. O curso de eventos que levou cavalos e trigo para a América também levou com eles o uso de armas de fogo e o machado de ferro; por sua vez, o mundo todo recebeu em troca não apenas milho, batatas e perus, mas o hábito de fumar tabaco e a rede de marinheiro.

Há um aspecto que vale a pena considerar: os relatos de fenômenos de cultura similares e recorrentes em diferentes partes do mundo fornecem, na verdade, uma prova incidental de sua própria autenticidade. Há alguns anos, um grande historiador me fez uma pergunta que revela esse ponto: "Como pode um relato sobre costumes, mitos, crenças etc. de uma tribo selvagem ser tratado como evidência nos casos em que isso depende do testemunho de algum viajante ou missionário que pode ser um observador superficial, mais ou menos ignorante da língua nativa, ou um comerciante descuidado de fala irrefletida, um homem preconceituoso ou mesmo intencionalmente enganoso?" Essa é uma questão que, por certo, todo etnógrafo deve ter sempre em mente. Sem dúvida, ele tem a obrigação de usar seu melhor julgamento quanto à fidedignidade de todos os autores que cita e, se possível, obter diversos relatos para confirmar cada ponto em cada localidade. Mas o teste de recorrência vem antes e acima dessas medidas de precaução. Se dois visitantes independentes, em países diferentes - digamos, um muçulmano medieval na Tartária e um inglês moderno em Daomé, ou um missionário jesuíta no Brasil e um metodista nas ilhas Fiji -, estão de acordo ao descrever alguma arte, rito ou mito análogo entre os povos que visitaram, torna-se difícil ou impossível atribuir tal correspondência ao acaso ou a fraude intencional. Uma história contada por um fugitivo da lei na Austrália pode, talvez, receber objeções e ser vista como um equívoco ou uma invenção, mas teria um ministro metodista na Guiné conspirado com ele para enganar o público contando lá a mesma história? A possibilidade de mistificação, intencional ou não, é freqüentemente excluída diante de tal estado de coisas, como no caso de um relato similar sendo feito em duas terras remotas por duas testemunhas, das quais A viveu um século antes de B, e B parece nunca ter ouvido falar de A. Quão distantes são os países, quão afastadas as datas, quão diferentes os credos e caracteres dos observadores, no catálogo de fatos da civilização, são coisas que nem é preciso demonstrar adicionalmente a qualquer um que der pelo menos uma olhada nas notas de rodapé do presente trabalho. E, quanto mais singular o relato, menos provável que diversas pessoas em diversos lugares fossem fazê-lo igualmente errado. Sendo assim, parece razoável julgar que, de modo geral, eles são verdadeiros, e que sua proximidade e regular coincidência devem-se ao surgimento de fatos semelhantes em vários distritos da cultura. Os fatos mais importantes da etnografia são provados dessa maneira. A experiência leva o estudante, depois de algum tempo, a esperar que os fenômenos da cultura, como resultados de causas similares de ampla atuação, devam surgir repetidamente no mundo, e é isso que irá constatar. Ele chega mesmo a desconfiar de afirmações isoladas das quais não conhece paralelo em outros lugares, e espera que sua autenticidade seja demonstrada por relatos correspondentes vindos do outro lado da terra, ou da outra ponta da história. Tão forte, realmente, é esse meio de autenticação, que o etnógrafo, em sua biblioteca, pode às vezes ousar decidir não apenas se um explorador particular é um observador honesto e perspicaz, mas também se o que ele relata está de acordo com as regras gerais da civilização. "Non quis, sed quid."[7]

Passemos agora da distribuição da cultura em diferentes países para sua difusão dentro de cada um deles. A qualidade da humanidade que mais tende a tornar possível o estudo sistemático da civilização é aquele notável consenso ou acordo tácito que, até hoje, induz populações inteiras a se unirem no uso da mesma língua, seguirem a mesma religião e as mesmas leis, estabelecerem-se num mesmo nível geral de arte e conhecimento. É esse estado de coisas que torna possível, até agora, ignorar fatos excepcionais e descrever as nações em termos de uma média geral. É esse estado de coisas que torna possível, até agora, representar imensas massas de detalhes recorrendo a uns poucos fatos típicos, e que permite, uma vez estejam esses consolidados, que novos casos relatados por novos observadores simplesmente se encaixem em seus lugares para provar a solidez da classificação. Encontra-se tamanha regularidade na composição das sociedades de homens que é possível pôr de lado diferenças individuais e, assim, fazer generalizações sobre as artes e opiniões de nações inteiras, do mesmo modo que, olhando um exército do alto de uma colina, esquecemos o soldado individual – a quem, de fato, mal distinguimos na massa – enquanto vemos cada regimento como um corpo organizado, espalhando-se ou se concentrando, avançando ou batendo em retirada. Em alguns ramos do estudo das leis sociais, é possível agora recorrer à ajuda de estatísticas e destacar ações específicas de grandes comunidades mistas por meio de calendários de coletores de impostos ou de tabelas de companhias de seguro. Entre os modernos argumentos a respeito das leis da ação humana, nenhum tem tido efeito mais profundo que generalizações como as de Quetelet[8] sobre a regularidade, não apenas de questões como estatura média e taxas anuais de nascimento e morte, mas da recorrência, ano após ano, de obscuros e aparentemente incalculáveis produtos da vida nacional, como os números de assassinatos e suicídios e a proporção das próprias armas do crime. Outros casos notáveis são a regularidade anual de pessoas mortas acidentalmente nas ruas de Londres e as cartas sem endereços postas nas caixas das agências de correio. Mas, quando examinamos a cultura das raças inferiores, longe de ter à disposição os fatos aritméticos medidos pela estatística moderna, podemos ter que julgar a condição de tribos a partir de relatos imperfeitos fornecidos por viajantes ou missionários, ou mesmo fazer inferências a respeito de relíquias de raças pré-históricas de cujos nomes e línguas somos irremediavelmente ignorantes. Esses podem parecer, à primeira vista, materiais lamentavelmente imprecisos e não promissores para a pesquisa científica. Mas, na realidade, não o são, pois produzem evidências tão boas quanto se pode obter. São dados que, pela maneira distinta como cada um denota a condição da tribo à qual pertence, realmente permitem comparação com os resultados estatísticos. O fato é que uma ponta de flecha feita de pedra, uma clava entalhada, um ídolo, uma sepultura onde escravos e propriedade foram enterrados para uso do morto, um relato dos ritos de um feiticeiro para fazer chover, uma tabela de números, a conjugação de um verbo, cada uma dessas coisas expressa o estado de um povo com relação a um aspecto particular de cultura, e tão verdadeiramente quanto a tabulação do número de mortes por envenenamento e de caixas de chá importadas expressam, de maneira diferente, outros resultados parciais da vida geral de toda uma comunidade.

Que uma nação inteira tenha que usar uma determinada roupa, determinadas ferramentas e armas, ter leis especiais de casamento e propriedade, doutrinas morais e religiosas especiais, é um fato notável, e o percebemos tão pouco porque vivemos toda a nossa vida no meio dele. É especialmente com tais qualidades gerais de corpos organizados de homens que a etnografia tem de lidar. Ainda assim, embora generalizando sobre a cultura de uma tribo ou nação, e deixando de lado as peculiaridades dos indivíduos que a compõem como sendo sem importância para o resultado principal, devemos ter o cuidado de não esquecer o que compõe esse resultado principal. Há pessoas tão concentradas no aspecto individual da vida de outras que não conseguem apreender a noção de ação de uma comunidade como um todo; tal observador, incapaz de uma visão ampla da sociedade, está adequadamente descrito no dito "as árvores o impedem de ver a floresta". Mas, por outro lado, o filósofo pode estar tão concentrado em suas leis gerais da sociedade que chegue ao ponto de negligenciar os atores individuais dos quais a sociedade é feita, e dele se pode dizer que a floresta não o deixa ver as árvores. Sabemos como artes, idéias e costumes são moldados entre nós pelas ações combinadas de muitos indivíduos, e os motivos e efeitos dessas ações freqüentemente chegam a nós de maneiras bastante distintas. A história de uma invenção, de uma opinião, de uma cerimônia, é uma história de sugestão e modificação, encorajamento e oposição, ganho pessoal e preconceito grupal, e cada um dos indivíduos envolvidos age de acordo com seus próprios motivos, conforme determinado por seu caráter e suas circunstâncias. Assim, às vezes observamos indivíduos agindo em função de seus próprios fins, pouco preocupados com os efeitos sobre a sociedade em geral, e às vezes temos que estudar movimentos da vida nacional como um todo nos quais os indivíduos participantes estão totalmente fora de nosso campo de observação. Mas, vendo que a ação social coletiva é o mero resultante das ações de muitos indivíduos, é claro que esses dois métodos de pesquisa, se corretamente seguidos, têm de ser absolutamente consistentes.

Ao estudar tanto a recorrência de hábitos ou idéias especiais em diversas regiões quanto sua prevalência dentro de cada uma delas, apresentam-se diante de nós provas sempre reiteradas de causação regular produzindo os fenômenos da vida humana, e de leis de manutenção e difusão de acordo com as quais esses fenômenos se consolidam em permanentes condições-padrão, em estágios de cultura definidos. Mas, embora dando total importância à evidência aplicável a essas condições-padrão, devemos ter cuidado para evitar uma armadilha que possa enganar o estudante desavisado. É claro que as opiniões e os hábitos que pertencem, em comum, a massas da humanidade são, em grande medida, os resultados de sólido julgamento e sabedoria prática. Mas, também em grande medida, não é assim que ocorre. Que inúmeras sociedades tenham acreditado na influência do mau-olhado e na existência de um firmamento, tenham sacrificado escravos e bens para os fantasmas dos mortos, tenham transmitido tradições de gigantes estraçalhando monstros e de homens que se transformam em bestas - tudo isso é base para sustentar que tais idéias foram, realmente, produzidas nas mentes dos homens por causas eficientes, mas não é base para sustentar que os ritos em questão eram benéficos, as crenças razoáveis e a história autêntica. À primeira vista, isso pode parecer um truísmo, mas, de fato, é a negação de uma falácia que afeta profundamente as mentes de todos, exceto de uma minoria crítica da humanidade. Popularmente, acredita-se que o que todo mundo diz deve ser verdade, o que todo mundo faz deve ser correto - "Quod ubique, quod semper, quod ab omnibus creditum est, hoc est vere proprieque Catholicum"[9] - e assim por diante. Há vários tópicos, especialmente em história, direito, filosofia e teologia, a respeito dos quais até as pessoas educadas entre as quais vivemos dificilmente podem ser levadas a ver que a causa de os homens sustentarem uma opinião ou seguirem um costume não é, de forma alguma, necessariamente uma razão para que sejam obrigados a fazê-lo. Coleções de evidência etnográfica que trazem tão proeminentemente à vista a concordância de imensas multidões com relação a certas tradições, crenças e usos têm a peculiar facilidade de serem usadas de forma inapropriada para a direta defesa dessas próprias instituições, e vemos até mesmo plebiscitos sendo feitos entre antigas nações bárbaras para sustentar suas opiniões contra o que é chamado de idéias modernas. Como, mais de uma vez, ocorreu a mim mesmo encontrar minhas coleções de tradições e crenças arrumadas para provar sua própria verdade objetiva, sem examinar adequadamente as bases sobre as quais foram realmente recebidas, aproveito a ocasião para comentar que a mesma linha de argumento servirá igualmente bem para demonstrar, com base no forte e amplo consenso das nações, que a terra é plana e que pesadelos são a visita de um demônio.

Tendo sido mostrado que os detalhes da Cultura permitem sua classificação num grande número de grupos etnográficos de artes, crenças, costumes etc., segue-se agora a consideração de até que ponto os fatos arranjados nesses grupos são produzidos pela evolução de um para o outro. Dificilmente seria necessário apontar que, embora cada um dos grupos em questão seja mantido unido por um caráter comum, não são, de forma alguma, definidos com exatidão. Usando novamente a ilustração da história natural, pode-se dizer que eles são espécies que tendem a uma ampla dispersão entre variedades. E, quando se trata da questão das relações entre alguns desses grupos, fica óbvio que o estudante dos hábitos da humanidade tem uma grande vantagem sobre o estudante das espécies de plantas e animais. Entre os naturalistas, está em aberto a questão de se uma teoria de desenvolvimento de espécie a espécie é um registro de transições que realmente aconteceram ou um mero esquema ideal utilizável para a classificação de espécies cujas origens eram na verdade independentes. Mas, entre os etnógrafos, não existe tanto questionamento sobre a possibilidade de espécies de implementos, hábitos ou crenças terem se desenvolvido um do outro, pois nossa percepção mais usual reconhece o desenvolvimento na Cultura. A invenção mecânica fornece exemplos adequados do tipo de desenvolvimento que afeta a civilização como um todo. Na história das armas de fogo, o tosco fecho de roda, no qual uma roda de aço denteada era girada por uma mola contra um pedaço de pirita até que uma fagulha acendesse o pavio, levou à invenção do mais durável fecho de pederneira, dos quais ainda restam uns poucos pendurados nas cozinhas de nossas fazendas para os meninos atirarem em pequenos pássaros no Natal; com o tempo, o fecho de pederneira passou por modificações até o fecho de percussão, que está precisamente agora mudando seu arranjo antiquado para ser adaptado da carga pela boca para a carga pela culatra. O astrolábio medieval deu lugar ao quadrante, e este foi agora descartado, por sua vez, pelo homem do mar, que usa o mais delicado sextante; e assim acontece, em seqüência, ao longo da história das artes e dos instrumentos. Tais exemplos de progressão são conhecidos por nós como história direta, mas essa noção de desenvolvimento está tão inteiramente instalada em nossas mentes que, por meio dela, reconstruímos, sem escrúpulos, a história perdida, confiando no conhecimento geral dos princípios do pensamento e da ação humana como um guia para pôr os fatos em sua ordem apropriada. Quer as crônicas registrem ou não o fato, ninguém duvidaria, comparando um arco longo e uma besta, de que a segunda foi um desenvolvimento surgido a partir do instrumento mais simples. Assim, entre as brocas de fogo que operam por fricção, parece totalmente óbvio que a que funciona com um cordão ou arco é um avanço em relação ao instrumento primitivo de fazer fogo desajeitadamente girado entre as mãos. Aquela instrutiva classe de espécimes que antiquários às vezes descobrem - machados de bronze modelados na forma do pesado machado de pedra - dificilmente pode ser explicada exceto como sendo os primeiros passos na transição da Idade da Pedra para a Idade do Bronze, logo seguidos pelo próximo estágio de progresso no qual se descobriu que o novo material era adequado para a confecção de um modelo mais manejável e mais econômico. E assim, nos outros ramos de nossa história, surgirão, seguidamente, séries de fatos que podem ser consistentemente arranjados como tendo surgido um após o outro numa ordem particular de desenvolvimento, mas que dificilmente permitirão serem postos na ordem inversa. Tais, por exemplo, são os fatos que avancei aqui no capítulo 7, sobre "A Arte de Contar", que tende a provar que, pelo menos nesse nível de cultura, as tribos selvagens alcançaram sua posição por aprendizado, e não por desaprendizado; por progressão a partir de um estado mais baixo, e não pela degradação desde um estado mais elevado.

Entre as evidências que nos ajudam a traçar o curso que a civilização mundial realmente seguiu está aquela grande classe de fatos aos quais achei conveniente denotar usando o termo "sobrevivências." Trata-se de processos, costumes, opiniões, e assim por diante, que, por força do hábito, continuaram a existir num novo estado de sociedade diferente daquele no qual tiveram sua origem, e então permanecem como provas e exemplos de uma condição mais antiga de cultura que evoluiu em uma mais recente. Assim, conheço uma mulher idosa em Somersetshire cujo tear manual data do tempo anterior à introdução da lançadeira móvel. Ela nem mesmo aprendeu a usar a novidade, e a vi jogando a lançadeira de uma mão para a outra de um jeito verdadeiramente clássico; essa mulher idosa não está um século atrás de seu tempo, mas é um caso de sobrevivência. Tais exemplos freqüentemente nos levam de volta aos hábitos de centenas e até milhares de anos atrás. O ordálio da Chave e da Bíblia, ainda em uso, é uma sobrevivência;[10] a fogueira do solstício de verão[11] é uma sobrevivência; o jantar para

"Todas as Almas" oferecido pelos camponeses bretões aos espíritos dos mortos é uma sobrevivência. A simples manutenção de hábitos antigos é apenas uma parte da transição do tempo antigo para os tempos novos e mutantes. Podemos ver aquilo que era um assunto sério na sociedade antiga sendo reduzido a entretenimento de gerações futuras, e suas graves crenças perdurando como histórias folclóricas para crianças, enquanto hábitos superados que faziam parte da vida do mundo antigo podem ser modificados e adquirir formas ainda poderosas no mundo novo, para o bem e para o mal. Às vezes, velhos pensamentos e práticas irão irromper novamente, para surpresa de um mundo que os pensava há muito mortos ou morrendo; aqui, sobrevivência transforma-se em renascimento, como tem acontecido ultimamente, de maneira tão notável, na história do espiritualismo moderno, um tema cheio de ensinamentos do ponto de vista do etnógrafo. O estudo dos princípios de sobrevivência tem, na verdade, uma importância prática nada pequena, pois a maior parte do que chamamos superstição está incluída nas sobrevivências e, dessa forma, fica exposta ao ataque de seu mais mortal inimigo: uma explicação razoável. Além disso, insignificantes como são, em si mesmos, os abundantes casos de sobrevivência, seu estudo é tão útil para traçar o curso do desenvolvimento histórico - única forma possível de entender seu significado - que se torna um ponto vital da pesquisa etnográfica obter a mais clara compreensão possível de sua natureza. Essa importância deve justificar o nível de detalhamento que se devota aqui ao exame da sobrevivência, com base em evidências de jogos, ditos populares, costumes, superstições e coisas semelhantes que bem podem servir para revelar a maneira como aquela funciona.

Progresso, degradação, sobrevivência, renascimento e modificação são, todos eles, aspectos da conexão que liga a complexa rede da civilização. Basta uma olhada nos detalhes triviais de nossa própria vida diária para nos pormos a pensar o quanto somos nós realmente seus originadores e o quanto somos apenas os transmissores e modificadores dos resultados de eras muito antigas. Olhando à nossa volta, nos ambientes em que vivemos, podemos verificar o quanto aquele que conhece apenas o seu tempo pode ser capaz de corretamente compreendê-lo. Aqui está a madressilva da Assíria, ali a flor-de-lis de Anjou, uma cornija com uma sanca grega em volta do teto; o estilo de Luis XIV e seu antecessor, a Renascença, partilham o mesmo espelho. Transformados, deslocados ou mutilados, esses elementos de arte ainda carregam suas histórias plenamente estampadas; e, se a história ainda mais antiga é menos fácil de ser lida, não vamos dizer que, porque não podemos discerni-la claramente, então não existe história ali. Assim se passa até com a moda das roupas. Os ridículos rabinhos das casacas dos cocheiros alemães contam, por eles mesmos, como acabaram chegando a uma coisa tão rudimentar e absurda; mas os colarinhos dos clérigos ingleses já não contam sua história de imediato para quem as vê, e parecem bastante inexplicáveis até que se tenham visto os estágios intermediários pelos quais passaram desde os colarinhos largos, mais úteis, como os que Milton aparece usando em seu retrato e que deram o nome às caixinhas utilizadas para guardá-los. De fato, um livro de moda, mostrando como um vestuário cresceu ou encolheu em estágios graduais e se transformou em outro, ilustra com muita força e clareza a natureza da mudança e do crescimento, do ressurgimento e da decadência que ocorrem ano a ano em questões mais importantes da vida. Nos livros, novamente, vemos cada escritor não em si ou por si mesmo, mas ocupando seu lugar apropriado na história; olhamos através de cada filósofo, matemático, químico, poeta, para o pano de fundo de sua educação – através de Leibniz, vemos Descartes; de Danton, vemos Priestley; de Milton, Homero. O estudo da linguagem talvez tenha contribuído mais que qualquer outra coisa para remover de nosso conceito sobre o pensamento e a ação dos homens as idéias de acaso e invenção arbitrária, e para substituí-las por uma teoria de desenvolvimento através da cooperação de homens individuais, de processos que se mostram sempre razoáveis e inteligíveis quando os fatos são plenamente conhecidos. Por mais rudimentar que ainda seja a ciência da cultura, estão cada vez mais fortes os sintomas de que mesmo os que parecem ser seus mais espontâneos e imotivados fenômenos acabarão por se revelar partes de uma série de causas e efeitos precisos, e tão certamente quanto os fatos da mecânica. O que poderia ser popularmente visto como mais indefinido e incontrolável que os produtos da imaginação revelados em mitos e fábulas? Ainda assim, qualquer investigação sistemática da mitologia, com base numa ampla coleção de evidências, mostra em tais esforços de imaginação, de forma suficientemente clara, tanto um desenvolvimento de estágio a estágio quanto uma produção de uniformidade de resultado derivando da uniformidade de causa. Aqui, como em outros casos, a espontaneidade sem causa é vista retrocedendo mais e mais e se ocultando nos escuros recintos da ignorância. O mesmo se dá com o acaso: ele ainda mantém seu lugar entre o vulgo como uma causa real de eventos de outra forma inexplicáveis, mas, para os homens educados, há muito não significa nada, conscientemente, além de essa mesma ignorância. É apenas quando deixam de ver a linha de conexão entre eventos que os homens ficam propensos a sucumbir às noções de impulsos arbitrários, anomalias sem causas, sorte, absurdo e inexplicabilidade indefinida. Considerar que brincadeiras pueris, superstições absurdas e costumes sem propósito são espontâneos porque ninguém pode dizer exatamente como apareceram é algo que nos lembra o efeito semelhante que a aparência excêntrica do arroz selvagem tinha sobre a filosofia de uma tribo de índios norte-americanos. Tendendo, de modo geral, a ver na harmonia da natureza os efeitos de uma única vontade pessoal controladora, os teólogos sioux diziam que o Grande Espírito havia feito todas as coisas, exceto o arroz selvagem, e que esse aparecera por acaso.

"O homem", disse Wilhelm von Humboldt, "sempre continua algo a partir do que já existe." A noção de continuidade da civilização contida nessa máxima não é um princípio filosófico estéril; logo adquire conotação prática pela consideração de que aqueles que desejam entender suas próprias vidas devem conhecer os estágios através dos quais suas opiniões e hábitos vieram a ser o que são. Auguste Comte dificilmente terá exagerado a necessidade desse estudo do desenvolvimento quando declarou, no início de sua *Filosofia positiva*, que "nenhuma concepção pode ser compreendida exceto através de sua história," e essa frase pode ser estendida à cultura como um todo. Esperar olhar a vida moderna de frente e compreendê-la pela mera inspeção é uma filosofia cuja fragilidade pode ser facilmente testada. Imagine alguém explicando o dito trivial "um passarinho me contou" sem conhecer a antiga crença na linguagem dos pássaros e dos animais à qual o doutor Dasent, na introdução dos *Contos nórdicos*,[12] tão razoavelmente traça sua origem. Tentativas de explicar, à luz da razão, coisas que precisam da luz da história para mostrar seu significado podem ser exemplificadas pelos *Comentários* de Blackstone. Ele acreditava que o próprio direito do plebeu de levar seus animais para pastar nas terras comunais encontra explicação no sistema feudal. "Pois, quando os proprietários rurais concediam parcelas de terra aos arrendatários em troca de serviços feitos ou a fazer, esses não podiam arar nem adubar a terra sem animais; esses animais não podiam ser mantidos sem pasto; e pasto não podia ser obtido se não fosse nas terras desocupadas do proprietário e nas terras sem cultivo não cercadas, suas ou de outros arrendatários. A lei, portanto, anexou à concessão de terras esse direito ao uso das terras comuns, como coisas inseparáveis; e essa foi a origem da servidão de pastagem," etc.[13] Embora não haja nada irracional nessa explicação, ela não está de acordo, de forma alguma, com a lei teutônica de propriedade fundiária que prevalecia na Inglaterra muito antes da conquista normanda, e da qual os vestígios nunca desapareceram totalmente. Na antiga comunidade aldeã, mesmo a terra arável que estivesse nos grandes campos comuns que até hoje podem ser encontrados em nosso país ainda não havia sido transformada em propriedade separada, enquanto as pastagens nas terras sem cultivo e nos campos com restos de colheitas, bem como nas terras desocupadas, pertenciam em comum a todos os chefes de família. Desde aqueles dias, a mudança da propriedade comunal para a individual transformou, em grande parte, esse sistema do mundo antigo, mas o direito que o camponês possui de levar seu gado para pastar nas terras comuns ainda persiste, não como uma concessão a arrendatários feudais, mas como já sendo direito dos plebeus antes de o senhor haver reclamado a propriedade das terras desocupadas. É sempre arriscado separar um costume de sua ligação com eventos passados, tratando-o como um fato isolado a ser simplesmente descartado com alguma explicação plausível.

Ao levar adiante a grande tarefa da etnografia racional – a investigação das causas que produziram os fenômenos de cultura e das leis às quais estão subordinados –, é desejável montar um esquema de evolução dessa cultura, tão sistematicamente quanto possível, ao longo de suas muitas linhas. No capítulo 2, "O Desenvolvimento da Cultura", é feita uma tentativa de esboçar o curso teórico da civilização humana tal como parece ser, no todo, mais de acordo com a evidência. Comparando os vários estágios de civilização entre raças conhecidas da história, com a ajuda de inferência arqueológica derivada dos restos de tribos pré-históricas, parece possível formar uma opinião, ainda que grosseira, sobre uma condição anterior geral do homem. Do nosso ponto de vista, essa condição deve ser tomada como a primitiva, mesmo que, na realidade, algum estágio ainda mais remoto possa ter existido antes dela. Essa condição primitiva hipotética corresponde, em considerável medida, à das tribos selvagens modernas que, apesar da diferença e distância entre si, têm em comum certos elementos de civilização que parecem resíduos de um estado anterior da raça humana em geral. Se essa hipótese for verdadeira, então, apesar da contínua interferência da degeneração, a tendência central da cultura, desde os tempos primevos até os modernos, foi avançar, a partir da selvageria, na direção da civilização. Quanto ao problema dessa relação entre a vida selvagem e a civilizada, quase todos os milhares de fatos discutidos nos capítulos 3 e 4 subseqüentes estão diretamente relacionados a ele. Sobrevivências na Cultura, deixando, ao longo de todo o curso do avanço da civilização, pistas cheias de significado para aqueles que podem decifrá-las, até hoje sustentam, em nosso meio, monumentos primevos de pensamento e vida bárbaros. Sua investigação fala fortemente a favor da idéia de que os europeus podem encontrar entre os habitantes da Groenlândia ou entre os maoris muitos elementos para reconstruir o quadro de seus ancestrais primitivos. Vêm, em seguida, os capítulos que tratam do problema da origem da linguagem (5 e 6). Embora muitas partes dessa questão ainda permaneçam obscuras, seus aspectos mais claros permitem investigar se a fala teve sua origem entre a humanidade no estado selvagem; o resultado dessa pesquisa é que, consistentemente com toda evidência conhecida, esse pode ter sido o caso. Uma conseqüência bem mais definida é mostrada a partir do exame da arte de contar, no capítulo 7. Pode ser afirmado, com segurança, que não apenas essa importante arte é encontrada, em estado rudimentar, entre tribos selvagens, mas que uma evidência satisfatória prova que a numeração foi desenvolvida por invenção racional, desde esse estado inferior até o que possuímos hoje. O exame da mitologia contido nos capítulos 8, 9 e 10 é feito, quase na totalidade, a partir de um ponto de vista especial, sobre evidência coletada para um propósito específico: traçar a relação entre os mitos de tribos selvagens e seus análogos nas nações mais civilizadas. A pesquisa sobre essa questão avança muito para provar que os primeiros fazedores de mito surgiram e floresceram entre hordas selvagens, dando início a uma arte que seus sucessores mais cultos levariam adiante até que os resultados se fossilizassem em superstição, fossem tomados equivocadamente como história, assumissem a forma de poesia, ou fossem descartados como disparates.

Talvez em nenhum outro campo sejam tão necessárias visões amplas de desenvolvimento histórico quanto no estudo da religião. Apesar de tudo que tem sido escrito para dar a conhecer ao mundo as teologias inferiores, as idéias populares sobre seu lugar na história e sua relação com a fé de nações mais elevadas ainda são do tipo medieval. É maravilhoso contrastar alguns diários de missionários com os *Ensaios* de Max Müller,[14] comparando, de um lado, a insensibilidade que o leva, em conseqüência de um zelo estreito e hostil, a derramar ódio e escárnio sobre o bramanismo, o budismo e o zoroastrismo, e, de outro, a simpatia católica com a qual um amplo e profundo conhecimento pode investigar essas fases antigas e nobres da consciência religiosa do homem; embora as religiões das tribos selvagens possam ser rudes e primitivas quando comparadas com os grandes sistemas asiáticos, isso não é razão para vê-las como inferiores demais para merecerem interesse, ou ao menos respeito. Trata-se, precisamente, da distinção entre compreendê-las ou mal compreendê-las. Poucos dos que devotarem suas mentes a dominar os princípios gerais da religião selvagem irão pensar novamente que ela é ridícula ou que o conhecimento sobre ela é supérfluo para o resto da humanidade. Suas crenças e práticas, longe de serem um amontoado de tolices, têm tamanha consistência e lógica que, ainda quando apenas grosseiramente classificadas, já começam a mostrar os princípios de sua formação e desenvolvimento; e esses princípios provam-se de natureza essencialmente racional, embora operando numa condição mental de intensa e inveterada ignorância. É com a intenção de tentar uma investigação que tenha relevância muito próxima para a teologia corrente de nosso próprio tempo que me dispus a examinar sistematicamente, entre as raças inferiores, o desenvolvimento do animismo (capítulos 12 a 17); ou seja, a doutrina das almas e outros seres espirituais em geral. Mais da metade do presente trabalho ocupa-se de uma grande quantidade de evidência de todas as regiões do mundo, mostrando a natureza e o significado desse grande elemento da Filosofia da Religião e traçando sua transmissão, expansão, restrição e modificação ao longo do curso da história até o centro de nosso próprio pensamento moderno. Nem são de pequena importância prática as questões que têm de ser levantadas numa tentativa similar de traçar o desenvolvimento de certos ritos e cerimônias proeminentes (capítulo 18) – costumes cheios de informação sobre os mais íntimos poderes da religião, da qual são expressão externa e resultado prático.

Nessas investigações, todavia, feitas mais de um ponto de vista etnográfico do que teológico, pareceu haver pouca necessidade de entrar, de cheio, em algum tema controvertido, algo que, na verdade, me empenhei ao máximo em evitar. O parentesco que perpassa toda a religião, de suas mais rudes formas até o status de um cristianismo esclarecido, pode ser convenientemente tratado com pouco recurso à teologia dogmática. Os ritos de sacrifício e purificação podem ser estudados em seus estágios de desenvolvimento sem que se entre em questões sobre sua autoridade e valor; um exame das fases sucessivas da crença mundial em uma vida futura não exige que se discutam os argumentos citados a favor ou contra a própria doutrina. Os resultados etnográficos podem então ser deixados como material para teólogos professos, e talvez não demore muito até que uma evidência tão carregada de significado ganhe seu lugar legítimo. Voltando novamente à analogia com a história natural, pode estar perto o tempo em que será considerado inadmissível que um estudante científico de teologia não tenha uma competente intimidade com os princípios das religiões das raças inferiores, assim como seria um fisiologista olhar com o desprezo dos séculos passados as evidências derivadas das formas inferiores de vida, considerando a estrutura de meras criaturas invertebradas um assunto não merecedor de seu estudo filosófico.

Não apenas como um tema curioso de pesquisa, mas como um importante guia prático para a compreensão do presente e a modelagem do futuro, a investigação da origem e do desenvolvimento primitivo da civilização deve ser zelosamente levada adiante. Toda possível via de conhecimento deve ser explorada; toda porta, experimentada para ver está aberta. Nenhum tipo de evidência precisa ser deixada intocada em nome de sua distância ou complexidade, de sua insignificância ou trivialidade. A investigação moderna tende, cada vez mais, na direção da conclusão de que, se existe lei em algum lugar, existe em todo lugar. Perder toda a esperança de que uma coleta cuidadosa de fatos e seu estudo consciencioso possam levar a algo, e declarar insolúvel algum problema por ser difícil e remoto, é, claramente, estar no lado errado na ciência; e aquele que escolher uma tarefa sem esperanças pode se preparar para descobrir os limites da descoberta. Isso faz lembrar Comte, começando sua explicação da astronomia com uma observação sobre a necessária limitação de nosso conhecimento das estrelas: concebemos, nos diz ele, a possibilidade de determinar sua forma, distância, tamanho e movimento, embora possamos nunca ser capazes, de forma alguma, de estudar sua composição química, sua estrutura mineral etc. Se o filósofo tivesse vivido para ver a aplicação da análise de espectro justamente a esse problema, sua proclamação da desalentadora doutrina da ignorância necessária talvez tivesse sido rejeitada em benefício de uma perspectiva mais esperançosa. E parece acontecer com a filosofia da vida humana remota algo como no estudo da natureza dos corpos celestes. Os processos a serem discernidos nos estágios iniciais de nossa evolução mental quedam distantes de nós no tempo tal como as estrelas estão distantes de nós no espaço, mas as leis do universo não estão limitadas à observação direta através de nossos sentidos. Existe um vasto material a ser usado em nossa investigação; muitos trabalhadores estão agora ocupados em dar uma forma a esse material, embora pouco tenha sido feito quando comparado com o que resta a fazer; e já não parece demais dizer que os vagos contornos de uma filosofia da história primeva estão começando a surgir diante de nossos olhos.

NOTAS

[1] Alexander Pope (1688-1744), *Essay on Man*, Epístola I, escrita em 1732. (N.T.)

[2] Uma fala do senhor Jourdain, personagem da peça "O burguês fidalgo", de Molière. (N.T.)

[3] Eugene Casalis (1812-1891), missionário protestante francês que viveu por muitos anos na África do Sul e em Botswana. (N.T.)

[4] J. Boswell, *The Life of Samuel Johnson*, publicado pela primeira vez em 1791. Johnson era uma figura dominante na cena literária inglesa no final do século XVIII. (N.T.)

[5] Na realidade, o comentário de Johnson foi a respeito do livro de William Bligh, *A Voyage to the South Sea ... for the Purpose of Conveying the Bread Fruit Tree to the West Indies, in His Majesty's Ship the* Bounty (Londres: George Nicol, 1792). Hawkesworth, também contemporâneo de Johnson, foi designado para escrever, a partir dos diários de viagem do capitão Cook e seus companheiros, *An Account of the voyages... for making discoveries in the southern hemisphere, and suc-*

cessively performed by Commodore Byron, Captain Wallis, Captain Carteret and Captain Cook, in the Dolphin, *the* Swallow, *and the* Endeavour. (Londres, 1773). (N.T.)

[6] Península localizada no extremo leste da Rússia. (N.T.)

[7] Literalmente, "Não quem, mas o quê" (N.T.)

[8] O belga Adolphe Quetelet (1796-1874) foi um dos mais influentes estatísticos sociais do século XIX. Criou uma ciência para mapear as características físicas e morais dos indivíduos, a "mecânica social." Em 1835, publicou *A Treatise on Man, and the Development of His Faculties*, mostrando a influência da probabilidade sobre as questões humanas. (N.T.)

[9] "O que todos em toda parte e sempre acreditaram, isso é verdadeira e propriamente católico" - São Vicente de Lerins, em meados do século V. (N.T.)

[10] Trata-se de um teste para definir se um acusado é ou não culpado, usando-se uma Bíblia, um cordão e uma chave. (N.T.)

[11] Corresponde à Festa de São João, no inverno do hemisfério sul. (N.T.)

[12] George Webbe Dasent selecionou e traduziu para o inglês *Popular Tales from the Norse*, publicado em 1859, com cerca de 60 histórias. (N.T.)

[13] Blackstone, *Commentaries on the Laws of England*, livro II, cap. 3. Este exemplo substitui outro que constava de edições anteriores. Um outro pode ser encontrado em sua explicação da origem do *deodand*, livro I, cap. 8, como concebido, nos dias obscuros do papismo, como uma expiação pelas almas daqueles que foram arrancados da vida por morte súbita.

[A nota anterior foi incluída na terceira edição do livro de Tylor. *Deodand* vem do latim *Deo dandum* - para ser dado a Deus. Trata-se de antiga lei inglesa, abolida em 1846, que dizia que, quando um bem móvel - por exemplo, uma carruagem - causar a morte de alguém, esse bem será "dado a Deus" - isto é, confiscado pela Coroa para ser utilizado de forma piedosa. (N. Org.)]

[14] Fredrich Max Müeller (1823-1900), lingüista inglês, grande especialista em sânscrito e nas religiões da Índia. (N.T.)

James George Frazer

O Escopo da Antropologia Social[1]

[1908]

O tema da cadeira que tenho a honra de ocupar é Antropologia Social. Como se trata de um tema comparativamente novo e com limites ainda um tanto vagos, dedicarei minha aula inaugural a definir o escopo e demarcar grosseiramente, se não as fronteiras de todo o campo de estudo, pelo menos as fronteiras da parte que proponho tomar como minha província.

Embora possa parecer estranho, foi a Antropologia, ou a Ciência do Homem, a última a nascer na ampla e florescente família das ciências. O estudo é realmente tão novo que três de seus distintos fundadores na Inglaterra, o Professor E.B. Tylor, Lord Avebury e o senhor Francis Galton, felizmente ainda estão conosco. É verdade que setores particulares da complexa natureza do homem há muito têm sido temas de estudos especiais. A anatomia tem investigado seu corpo, a psicologia tem explorado sua mente, a teologia e a metafísica buscaram sondar as profundezas dos grandes mistérios de que ele se encontra cercado por todos os lados. Mas foi reservado para a geração atual, ou melhor, para a geração que está saindo de cena, tentar um estudo abrangente do homem como um todo, investigar não meramente a estrutura física e mental do indivíduo, mas comparar as várias raças de homens, traçar suas afinidades e, por meio de uma ampla coleção de fatos, seguir desde os primórdios, e até tão longe quanto possível, a evolução do pensamento e das instituições humanas. O objetivo disso, assim como de todas as outras ciências, é descobrir as leis gerais às quais se possa presumir que os fatos particulares se conformam. Digo "que se possa presumir" porque, em todos os departamentos, a pesquisa já tem mostrado a probabilidade de que, por toda parte, lei e ordem sejam prevalecentes - basta procurarmos diligentemente por elas -, e que, correspondentemente, os negócios do homem, por mais complexos e incalculáveis que possam parecer, não são exceção à uniformidade da natureza. Portanto, a antropologia, no sentido mais amplo da palavra, visa a descobrir as leis gerais que regularam a história humana no passado e que, se a natureza for realmente uniforme, é de se esperar que a regulem no futuro.

Portanto, a ciência do homem coincide, numa certa medida, com o que há muito tem sido conhecido como a filosofia da história, bem como com o estudo ao qual, nos últimos anos, foi dado o nome de Sociologia. Na verdade, poder-se-ia sustentar, com alguma razão, que a Antropologia Social, ou o estudo do homem em sociedade, é apenas uma outra expressão para Sociologia. No entanto, penso que as duas ciências podem ser convenientemente distinguidas e que, enquanto o nome Sociologia deve ser reservado para o estudo da sociedade humana no mais abrangente sentido das palavras, o nome Antropologia Social pode, com vantagem, ser restringido a um departamento particular daquele imenso campo de conhecimento. Pelo menos, desejo deixar perfeitamente claro, de início, que eu, por exemplo, não pretendo tratar da totalidade da sociedade humana, passada, presente e futura. Que o escopo mental e a amplitude de conhecimento de um único homem sejam suficientes para tão vasto empreendimento, isso não me atrevo a dizer, mas o que digo, sem hesitação ou ambigüidade, é que, no meu caso, certamente não são. Posso falar apenas sobre o que estudei, e meus estudos, em sua maior parte, estiveram limitados a uma parcela pequena, muito pequena, da história social do homem. Essa parcela corresponde à origem, ou melhor, às fases rudimentares, à infância e à meninice da sociedade humana, e a ela, portanto, proponho que se restrinja o escopo da Antropologia Social ou, de qualquer modo, meu tratamento dela. Meus sucessores na cadeira estarão livres para estender seu horizonte além das estreitas fronteiras que a limitação de meu conhecimento a mim impõe. Eles podem pesquisar tanto os últimos avanços, quanto os primórdios dos costumes e da lei, da ciência e da arte, da moralidade e da religião e, a partir dessa pesquisa, podem deduzir os princípios que devem guiar a humanidade no futuro, de forma que os que vierem depois de nós possam evitar as armadilhas e as dificuldades inesperadas nas quais nós e os que nos antecederam escorregamos. Pois o melhor fruto do conhecimento é a sabedoria, e é razoável esperar que uma intimidade mais profunda e mais ampla com a história passada da humanidade permita, em algum momento, que nossos dirigentes moldem o destino da raça de formas mais justas do que as que nós, desta geração, viveremos para ver.

> "Pudéssemos, Amor, com o Destino conspirar,
> o triste Esquema das Coisas em nossas mãos tomar,
> Fazê-lo em pedaços e então moldar um novo,
> Apenas ecoando o que o coração ditar!"[2]

Mas, se vocês desejam fazer em pedaços o tecido social, não devem esperar a cumplicidade de seu professor de Antropologia Social. Ele não é nenhum vidente para adivinhar, nenhum profeta para antecipar um próximo céu na terra, nenhum charlatão com um remédio para curar todos os males, nenhum Cavaleiro da Cruz Vermelha para dirigir uma cruzada contra a miséria e a necessidade, a doença e a morte, contra todos os horrendos espectros que fazem guerra à pobre humanidade. É a outros, de mais alta eminência e de natureza mais nobre, que cabe dar a ordem de ataque e tomar a frente nessa Guerra Santa. Ele é apenas um estudante, um estudante do passado que talvez lhes possa dizer um pouco, muito pouco, do que já foi, mas que não pode, não ousa, lhes dizer o que tem que ser. Ainda assim, mesmo a pequena contribuição que ele possa dar para elucidar o passado pode ter sua utilidade, bem como ser de interesse, quando ela finalmente tomar seu lugar no grande templo da ciência ao qual todo estudante ambiciona acrescentar uma pedra. Pois nutrimos a crença de que, se verdadeiramente amamos o conhecimento e o buscamos por ele mesmo, sem nenhum propósito ulterior, todo acréscimo que lhe pudermos fazer, por mais insignificante e inútil que pareça, acabará, ainda assim, ao se juntar à totalidade do conhecimento acumulado, contribuindo para o bem geral da humanidade.

Desse modo, a esfera da Antropologia Social como eu a entendo ou, pelo menos, como proponho tratá-la, está limitada aos brutos primórdios, ao desenvolvimento rudimentar da sociedade humana; não inclui as fases mais maduras daquele complexo crescimento e menos ainda abrange os problemas práticos com os quais nossos modernos estadistas e legisladores são chamados a lidar. Assim, o estudo pode ser descrito como a embriologia do pensamento e das instituições humanas, ou, para ser mais preciso, como aquela pesquisa que busca verificar, primeiro, as crenças e costumes dos selvagens, e, segundo, as relíquias dessas crenças e costumes que sobreviveram como fósseis entre povos de cultura mais elevada. Nessa descrição da esfera da Antropologia Social, está implícito que os ancestrais das nações civilizadas um dia foram selvagens, e que transmitiram – ou podem ter transmitido – a seus descendentes mais cultos idéias e instituições que, embora incongruentes com contextos subseqüentes, estavam perfeitamente de acordo com os modos de pensamento e ação da sociedade mais rude na qual se originaram. Em suma, a definição pressupõe que a civilização, sempre e em toda parte, tem evoluído a partir da selvageria. A massa de evidências sobre a qual se baseia esse pressuposto é, em minha opinião, tão grande que torna indiscutível este raciocínio indutivo. Pelo menos, penso que, se alguém discorda disso, não vale a pena discutir com ele. Ainda existem, creio, na sociedade civilizada, pessoas que sustentam que a terra é plana e que o sol gira ao seu redor; mas nenhum homem sensato perderá seu tempo na vã tentativa de convencer tais pessoas de seu erro, muito embora esses aplanadores da terra e giradores do sol apelem, com perfeita justiça, para a evidência de seus sentidos em apoio a sua alucinação, algo que os oponentes da primitiva selvageria do homem não são capazes de fazer.

Assim, o estudo da vida selvagem é uma parte muito importante da Antropologia Social. Pois, em comparação com o homem civilizado, o selvagem representa um estágio estacionado, ou melhor, retardado do desenvolvimento social, e, portanto, um exame de seus costumes e crenças fornece o mesmo tipo de evidência da evolução da mente humana que o exame de um embrião fornece da evolução do corpo humano. Em outras palavras, um selvagem está para um homem civilizado assim como uma criança está para um adulto; e, exatamente como o crescimento gradual da inteligência de uma criança corresponde ao crescimento gradual da inteligência da espécie e, num certo sentido, a recapitula, assim também um estudo da sociedade selvagem em vários estágios de evolução permite-nos seguir, aproximadamente - embora, é claro, não exatamente -, o caminho que os ancestrais das raças mais elevadas devem ter trilhado em seu progresso ascendente, através da barbárie até a civilização. Em suma, a selvageria é a condição primitiva da humanidade, e, se quisermos entender o que era o homem primitivo, temos que saber o que é o homem selvagem hoje.

Mas é necessário evitar aqui um equívoco comum. Os selvagens de hoje são primitivos apenas num sentido relativo, não absoluto. Eles são primitivos em comparação conosco, mas não em comparação com o homem verdadeiramente primevo, isto é, com o homem tal como era quando primeiro emergiu do estado de existência puramente bestial. Na verdade, comparado com o homem em seu estado absolutamente prístino, mesmo o mais selvagem dos selvagens de hoje é, sem dúvida, um ser altamente desenvolvido e culto, já que todas as evidências e todas as probabilidades estão a favor da idéia de que toda raça existente de homens, da mais rude à mais civilizada, alcançou seu presente nível de cultura, seja ele alto ou baixo, apenas após um lento e doloroso progresso ascendente, que deve ter se estendido por muitos milhares, talvez milhões, de anos. Portanto, quando nos referimos a quaisquer selvagens conhecidos como primitivos, coisa que o uso da língua inglesa nos permite fazer, deve ser sempre lembrado que aplicamos a eles o termo primitivo num sentido relativo, não absoluto. O que queremos dizer é que sua cultura é rudimentar em comparação com a das nações civilizadas, mas não, de forma alguma, que é idêntica àquela do homem primevo. É necessário enfatizar esse uso relativo do termo primitivo em sua aplicação a todos os selvagens conhecidos, sem exceção, porque a ambigüidade decorrente do sentido duplo da palavra tem sido fonte de muita confusão e mal-entendido. Escritores descuidados ou inescrupulosos têm feito um grande drama com isso visando criar controvérsia, usando a palavra com um sentido agora e com outro depois, conforme sirva a seus argumentos na ocasião, sem perceber ou, de qualquer modo, sem indicar, a equivocação. A fim de evitar essas falácias verbais, é apenas necessário manter a clareza de que, embora a Antropologia Social tenha muito a dizer do homem primitivo no sentido relativo, não tem coisa alguma a dizer sobre o homem primitivo no sentido absoluto, e isso pela razão muito simples de que não conhece definitivamente nada sobre ele e, pelo que podemos ver hoje, provavelmente jamais conhecerá. Construir uma história da sociedade humana começando do homem absolutamente primordial e avançando, através de milhares ou milhões de anos, até as instituições dos selvagens existentes pode, possivelmente, ter algum mérito como um vôo da imaginação, mas não poderia ter nenhum como um trabalho da ciência. Fazer isso seria exatamente o reverso do modo apropriado de procedimento científico. Seria trabalhar *a priori*, do desconhecido para o conhecido, ao invés de *a posteriori*, do conhecido para o desconhecido. Pois sabemos bastante sobre o estado social dos selvagens de hoje e de ontem, mas não sabemos coisa alguma, repito, sobre a sociedade humana totalmente primitiva. Assim, um investigador rigoroso que busque elucidar a evolução social da humanidade em eras anteriores ao alvorecer da história tem que começar não de um homem primevo desconhecido e puramente hipotético, mas dos homens mais selvagens que conhecemos ou dos quais temos registros adequados; e, tomando seus costumes, crenças e tradições como uma sólida base factual, pode retroceder um pouco, hipoteticamente, através da obscuridade do passado; isto é, pode construir uma teoria razoável sobre como esses costumes, crenças e tradições reais cresceram e se desenvolveram em um período mais ou menos distante – mas, provavelmente, não muito distante – daquele no qual foram observados e registrados. Mas se for, como suponho, um investigador rigoroso, nunca esperará retroceder sua reconstrução da história humana até muito longe, e menos ainda sonhará em encadeá-la até o mais distante começo, porque saberá que não possuímos nenhuma evidência que nos capacite a cobrir, nem mesmo hipoteticamente, o abismo de milhares ou milhões de anos que divide o selvagem de hoje do homem primevo.

Seria bom ilustrar com um exemplo o que quero dizer. Os costumes matrimoniais e os modos de estabelecer parentesco que prevalecem entre algumas raças selvagens, e mesmo entre povos num estágio de cultura mais elevado, fornecem bases muito sólidas para se acreditar que os sistemas de casamento e de consangüinidade hoje em voga entre povos civilizados devem ter sido imediatamente precedidos, num tempo mais ou menos distante, por modos muito diferentes de definir laços familiares e de regular casamentos; de fato, temos base para acreditar que a monogamia e os graus proibidos de parentesco substituíram um sistema mais antigo de relações sexuais que era muito mais amplo e frouxo. Mas dizer isso não é afirmar que tais relações mais frouxas e mais amplas eram características das condições absolutamente primitivas da humanidade; é apenas dizer que costumes e tradições realmente existentes indicam, com clareza, a ampla predominância de tais relações em algum tempo anterior na história de nossa raça. Quão remoto era aquele tempo, não podemos dizer. Mas, considerando-se todo o vasto período de existência do homem na terra, parece provável que a era de comunismo sexual para a qual aponta a evidência tenha sido comparativamente recente; em outras palavras, que, para as raças civilizadas, o intervalo que separa aquela era da nossa deve ser contado por milhares, em vez de por centenas de milhares de anos, enquanto que, para o mais selvagem dos selvagens existentes, por exemplo, os aborígines da Austrália, é possível ou provável que o intervalo possa não ser maior que uns poucos séculos. Seja como for, mesmo se, com base na sólida evidência a que me referi, pudéssemos demonstrar a antiga prevalência de um sistema de comunismo sexual entre todas as raças da humanidade, isso apenas nos levaria um único passo atrás na longa história de nossa espécie; não justificaria concluirmos que tal sistema tenha sido praticado pelo homem verdadeiramente primevo, menos ainda que tivesse prevalecido entre a humanidade desde o começo até o período comparativamente recente no qual sua existência pode ser inferida a partir das evidências à nossa disposição. Sobre a condição social do homem primevo, repito, não sabemos absolutamente nada, e é inútil especular. Nossos primeiros pais podem ter sido tão estritamente monógamos quanto Whiston ou o doutor Primrose,[3] ou podem ter sido exatamente o contrário. Não temos nenhuma informação sobre o assunto, e nunca teremos a possibilidade de obtê-la. Nas incontáveis eras decorridas desde que o homem e a mulher pela primeira vez passearam de mãos dadas pelo jardim da felicidade, ou tagarelaram como macacos entre os galhos folhados da floresta virgem, suas relações um com o outro podem ter sofrido inúmeras mudanças. Pois as questões humanas, assim como os cursos do céu, parecem andar em ciclos; o pêndulo social oscila, para lá e para cá, de uma extremidade à outra da escala: na esfera política, ele foi da democracia ao despotismo, e novamente de volta do despotismo para a democracia; assim, na esfera doméstica, pode ter oscilado muitas vezes entre libertinagem e monogamia.

Se estou certo em minha definição da Antropologia Social, seu terreno pode ser grosseiramente dividido em dois departamentos, um dos quais abrange os costumes e crenças dos selvagens, enquanto o outro inclui aquelas relíquias desses costumes e crenças tal como sobreviveram no pensamento e nas instituições de povos mais cultos. O primeiro departamento pode ser chamado o estudo da selvageria, e, o outro, o estudo do folclore. Já disse algo sobre a selvageria. Passo agora para o folclore, isto é, para as sobrevivências de idéias e práticas mais primitivas entre povos que, em outros aspectos, ascenderam a planos mais elevados de cultura. Que tais sobrevivências possam ser descobertas em todas as nações civilizadas é algo que dificilmente será contestado por qualquer um agora. Quando lemos, por exemplo, o caso de uma mulher irlandesa assada até a morte por seu marido, pela suspeita de que uma fada má havia roubado a verdadeira esposa e deixado em seu lugar uma criatura malévola,[4] ou então o caso de uma mulher inglesa que morreu de tétano porque passou o remédio no prego que a havia ferido, em vez de na própria ferida,[5] podemos estar certos de que as crenças que vitimaram essas pobres criaturas não foram aprendidas por elas na escola ou na igreja, mas tinham sido transmitidas por ancestrais verdadeiramente selvagens através de muitas gerações de descendentes – civilizados na aparência, embora não na realidade. Crenças e práticas desse tipo são, portanto, corretamente chamadas de superstições, o que significa, literalmente, sobrevivências. É de superstições, no estrito senso da palavra, que trata o segundo departamento da Antropologia Social.

Se perguntarmos como acontece de as superstições continuarem a existir entre um povo que, em geral, alcançou um nível mais elevado de cultura, a resposta deve ser encontrada na natural, universal e inerradicável desigualdade dos homens. Não apenas diferentes raças são diferentemente dotadas no que diz respeito a inteligência, coragem, habilidades e assim por diante, mas, dentro da mesma nação, homens de uma mesma geração diferem enormemente quanto à capacidade e ao valor inatos. Nenhuma doutrina abstrata é mais falsa e pérfida que a da igualdade natural dos homens. É verdade que o legislador tem que tratar os homens como se fossem iguais porque as leis são necessariamente gerais e não podem ser feitas para se ajustar à infinita variedade de casos individuais. Mas não devemos imaginar que, porque são iguais perante a lei, os homens são, portanto, intrinsecamente iguais uns aos outros. A experiência da vida ordinária contradiz suficientemente tão vã imaginação. Na escola e nas universidades, no trabalho e na diversão, na paz e na guerra, as desigualdades mentais e morais dos seres humanos destacam-se por demais conspicuamente para serem ignoradas ou questionadas. Como regra, os homens de mais aguda inteligência e com mais fortes caracteres lideram o resto e dão feitio às formas nas quais, pelo menos na aparência, a sociedade é moldada. Como esses homens são necessariamente poucos em comparação com a multidão que lideram, segue-se que a comunidade é realmente dominada pela vontade de uma minoria esclarecida,[6] mesmo em países onde o poder governante está nominalmente investido na maioria numérica. Na realidade, disfarcemo-lo como quisermos, o governo da humanidade é sempre, e em todo lugar, essencialmente aristocrático. Por mais malabarismos que se faça com a máquina política, é impossível fugir dessa lei da natureza. Como quer que pareça ser liderada, a maioria estúpida, no fim, segue a minoria mais sagaz. Essa é a salvação e o segredo do progresso. A mais elevada inteligência humana controla a mais baixa, assim como a inteligência do homem dá a ele o domínio sobre os animais. Não quero dizer com isso que a direção última da sociedade caiba a seus governantes nominais, seus reis, estadistas, legisladores. Os verdadeiros governantes do homem são os pensadores que fazem avançar o conhecimento; pois, assim como é através de seu conhecimento superior, e não através de maior força, que o homem exerce domínio sobre o resto da criação animal, também entre os próprios homens é o conhecimento que, no longo prazo, dirige e controla as forças da sociedade. Assim, os descobridores de novas verdades são os verdadeiros reis da humanidade, embora sem coroas nem cetros; os monarcas, estadistas e legisladores são apenas ministros que, mais cedo ou mais tarde, se submetem, levando adiante as idéias dessas grandes mentes. Quanto mais estudarmos os mecanismos internos da sociedade e o progresso da civilização, mais claramente perceberemos como ambos são governados pela influência de pensamentos que, surgindo, de início, em umas poucas mentes superiores – não sabemos como ou quando –, gradualmente se espalham até que tenham fermentado toda a massa inerte de uma comunidade ou da humanidade. A origem de tais variações mentais, com toda sua cadeia de conseqüências sociais de longo alcance, é simplesmente tão obscura quanto a origem daquelas variações físicas das quais, se estão certos os biólogos, depende a evolução da espécie e, com ela, a possibilidade de progresso. Talvez a mesma causa desconhecida que determina o primeiro conjunto de variações dê origem também ao outro. Não podemos saber. Tudo que podemos dizer é que, no todo, no conflito de forças em competição, sejam físicas ou mentais, o mais forte finalmente prevalece, o mais apto sobrevive. Na esfera mental, a luta pela existência não é menos feroz e mutuamente destrutiva do que na física, mas, no final, as melhores idéias, que chamamos a verdade, acabam vencendo. A clamorosa oposição com a qual, em sua primeira aparição, elas são usualmente saudadas quando quer que conflitem com velhos preconceitos pode retardar sua vitória final, mas não impedi-la. O costume da multidão é, primeiro, apedrejar, e depois erigir inúteis memoriais a seus maiores benfeitores. Todos os que se propõem a substituir antigos erros e superstições pela verdade e pela razão têm que contar com pedradas em vida e com um monumento de mármore depois da morte.

Fui levado a fazer essas observações pelo desejo de explicar por que superstições de todos os tipos – políticas, morais e religiosas – sobrevivem entre povos que já têm maior capacidade de discernimento. A razão é que as melhores idéias, que estão continuamente se formando nos estratos mais elevados, ainda não penetraram as camadas desde as mais altas mentes até as mais baixas. Em geral, essa filtragem é lenta, e, até que as novas noções cheguem ao fundo, se é que um dia chegam, já estão, em geral, obsoletas e superadas por outras que surgiram no topo. Assim é que, se pudéssemos abrir as cabeças e ler os pensamentos de dois homens da mesma geração e do mesmo país, mas nos extremos opostos da escala intelectual, provavelmente encontraríamos suas mentes tão diferentes uma da outra como se pertencessem a duas espécies distintas. A humanidade, como bem se tem dito, avança em escalões, isto é, as colunas marcham não uma ao lado da outra, mas em linhas dispersas, cada uma num grau diferente de atraso com relação ao líder. A imagem descreve bem a diferença não apenas entre povos, mas entre indivíduos do mesmo povo e da mesma geração. Assim como uma nação está continuamente deixando para trás alguns de seus contemporâneos, assim também, dentro da mesma nação, alguns homens estão constantemente ultrapassando seus companheiros, e os que vão à frente na corrida são aqueles que se desfizeram do fardo das superstições que ainda pesam nas costas dos retardatários e constrangem seus passos. Deixando metáforas de lado, as superstições sobrevivem porque, embora choquem os membros mais esclarecidos da comunidade, ainda estão em harmonia com os pensamentos e sentimentos de outros que, apesar de treinados pelos melhores entre eles para ter uma aparência de civilização, permanecem bárbaros ou selvagens em seus corações. É por isso que, por exemplo, as bárbaras punições por alta traição ou bruxaria e as monstruosidades da escravidão foram toleradas e defendidas neste país até os tempos modernos. Tais sobrevivências podem ser divididas em dois tipos, dependendo de serem públicas ou privadas; em outras palavras, dependendo de estarem incorporadas à lei da terra ou de serem praticadas pelos becos e cantos, com ou sem a conivência da lei. Os exemplos que acabei de citar pertencem à primeira dessas duas classes. Feiticeiras ainda foram queimadas publicamente e traidores publicamente estripados na Inglaterra não faz muito tempo, e a escravidão sobreviveu como uma instituição legal até mais tarde ainda. A verdadeira natureza de tais superstições públicas tem a tendência de, através de sua própria publicidade, passar sem ser notada, pois, até que sejam finalmente varridas pela onda crescente do progresso, há sempre um número mais que suficiente de pessoas para defendê-las como instituições essenciais ao bem-estar público e sancionadas pelas leis de Deus e do homem.

Ocorre o contrário com aquelas superstições privadas às quais o nome folclore está usualmente limitado. Na sociedade civilizada, as pessoas mais educadas não têm nem mesmo consciência da extensão em que sobrevivem essas relíquias da ignorância selvagem, bem às suas portas. Na verdade, a descoberta de sua ampla prevalência só foi feita no século passado, principalmente através das pesquisas dos irmãos Grimm na Alemanha. Desde então, pesquisas sistemáticas realizadas entre as classes menos educadas da Europa, e especialmente entre os camponeses, revelaram a espantosa, mais que isso, a alarmante verdade de que, em todos os países civilizados, uma grande massa do povo, se não a maioria, ainda está vivendo num estado de selvageria intelectual; que, de fato, a superfície tranqüila da sociedade culta está minada pela superstição. Apenas aqueles cujos estudos os levaram a investigar o tema estão conscientes da profundidade em que o solo sob nossos pés está como que perfurado e corroído por forças invisíveis. Parece que estamos sobre um vulcão que, a qualquer momento, pode se abrir em fumaça e fogo para espalhar ruína e devastação entre os jardins e palácios de antiga cultura, construídos com tanto esforço pelas mãos de muitas gerações. Após olhar para os restos dos templos gregos em Paestum [no sul da Itália] e contrastá-los com a imundície e selvageria do campesinato italiano, Renan disse: "Tremo pela civilização, vendo-a tão limitada, construída sobre bases tão frágeis, apoiando-se sobre tão poucos indivíduos mesmo no país onde é dominante."[7]

Se examinarmos as crenças supersticiosas que são tácita mas firmemente mantidas por muitos de nossos compatriotas, descobriremos, talvez com surpresa, que são precisamente as superstições mais antigas e cruas as que mais tenazmente se agarram à vida, enquanto idéias mais modernas e refinadas, embora também errôneas, logo desaparecem da memória popular. Por exemplo, os altos deuses do Egito e da Babilônia, da Grécia e de Roma estão, há muitas eras, totalmente esquecidos pelo povo, e sobrevivem apenas nos livros dos mais cultos; no entanto, os camponeses, que nunca ouviram falar de Isis e Osíris, de Apolo e Ártemis, de Júpiter e Juno, mantêm, até hoje, uma firme crença em feiticeiras e fadas, em fantasmas e duendes, essas criaturas menores da fantasia mítica nas quais seus pais acreditavam desde muito antes de as grandes deidades do mundo antigo terem sido sequer concebidas e nas quais, pelo que tudo indica, seus descendentes continuarão a acreditar até muito depois de as grandes deidades da atualidade terem seguido o caminho de todas as suas predecessoras. A razão de as formas mais elevadas de superstição ou religião (pois a religião de uma geração tende a tornar-se a superstição da próxima) serem menos permanentes que as mais baixas é simplesmente que as crenças mais elevadas, sendo uma criação de inteligência superior, não encontram onde se fixar nas mentes do vulgo, que nominalmente as professa por algum tempo em conformidade com a vontade de seus superiores, mas prontamente as repele e esquece tão logo saiam de moda entre as classes educadas. Mas, enquanto rejeita, sem vacilar ou sem fazer esforço, artigos de fé que estavam apenas superficialmente impressos em suas mentes pelo peso da opinião culta, a multidão ignorante e insensata agarra-se, com sombria determinação, a crenças muito mais toscas que realmente respondem à textura mais grosseira de seus intelectos subdesenvolvidos. Assim, enquanto o credo professado pela minoria esclarecida está constantemente mudando sob a influência da reflexão e da investigação, o credo real, embora não declarado, da massa da humanidade parece ser quase estacionário, e a razão por que se altera tão pouco é que, na maioria dos homens, sejam eles selvagens ou seres aparentemente civilizados, o progresso intelectual, de tão lento, é quase imperceptível. A superfície da sociedade, como a do mar, está em perpétuo movimento; suas profundezas, como as do oceano, permanecem quase imóveis.

Assim, a partir de um exame da selvageria e, depois, de suas sobrevivências na civilização, o estudo da Antropologia Social tenta traçar a história antiga do pensamento e das instituições humanas. A história nunca pode ser completa, a menos que a ciência venha a descobrir algum modo de ler os registros desbotados do passado, coisa com a qual esta geração mal consegue sonhar. Sabemos, na verdade, que todo evento, por mais insignificante, implica uma mudança, por mais leve que seja, na constituição material do universo, de modo que a história completa do mundo está, num certo sentido, gravada sobre sua face, embora nossos olhos estejam muito embaçados para conseguir ler o pergaminho. Pode ser que, no futuro, algum maravilhoso reagente, alguma química mágica possa ainda ser descoberta para revelar toda a escrita secreta da natureza a alguém maior que Daniel,[8] que a interprete para seus companheiros. Dificilmente isso acontecerá em nosso tempo. Com os recursos presentemente sob nosso controle, devemos nos contentar com um relato muito breve, imperfeito e, em grande medida, conjetural do desenvolvimento mental e social do homem nas eras pré-históricas. Como já indiquei, a evidência, fragmentária e dúbia como é, só remonta a uma parte mínima do imensurável passado da vida humana na terra; logo perdemos o fio, o tênue fio a brilhar de forma apenas intermitente na densa treva do absoluto desconhecido. Mesmo no comparativamente curto espaço de tempo – uns poucos milhares de anos, no máximo – que se encontra mais ou menos dentro de nosso campo de percepção e compreensão, existem muitos abismos profundos e extensos que só podem ser cobertos por hipóteses, se quisermos manter a continuidade da história da evolução. Na antropologia, como na biologia, tais ligações são construídas pelo Método Comparativo, que nos capacita a tomar emprestados os elos de uma cadeia de evidências para suprir as faltas em outra. Para nós, que lidamos não com as várias formas de vida animal, mas com os vários produtos da inteligência humana, a legitimidade do Método Comparativo assenta-se na bem estabelecida similaridade do funcionamento da mente humana em todas as raças de homens. Enfatizei as grandes desigualdades que existem não apenas entre as várias raças, mas entre homens da mesma raça e geração; mas deve ficar claramente entendido e lembrado que essas divergências são quantitativas, em vez de qualitativas; consistem em diferenças de grau, e não de tipo. O selvagem não é um tipo diferente de ser, comparado com seu irmão civilizado: ele tem as mesmas capacidades mentais e morais, mas estão menos completamente desenvolvidas; sua evolução foi detida, ou melhor, retardada em um nível mais baixo. E como as raças selvagens não estão todas no mesmo plano, mas pararam em diferentes pontos do caminho ascendente, ou se demoraram mais em alguns, podemos, numa certa medida, comparando-as umas com as outras, construir uma escala de progressão social e demarcar, grosseiramente, alguns dos estágios na longa estrada que leva da selvageria à civilização. No reino da mente, tal escala de evolução mental corresponde à escala da evolução morfológica no reino animal.

Pelo que estou dizendo, espero que vocês tenham formado alguma idéia da extrema importância do estudo da vida selvagem para um entendimento adequado dos primórdios da história da humanidade. O selvagem é um documento humano, um registro dos esforços do homem para se elevar acima do nível da besta. Apenas nos últimos anos o valor total desse documento tem sido reconhecido; na verdade, muitas pessoas ainda têm, provavelmente, a mesma opinião do doutor Johnson,[9] que, apontando os três grossos volumes de *Voyages to the South Seas*,[10] recém-publicados, disse: "Quem lerá tudo isso? Um homem teria feito melhor ganhando a vida como marinheiro do que lendo tudo isso; serão comidos por ratos e camundongos antes que sejam lidos até o fim. Tem que haver muito pouca coisa interessante nesses livros; um grupo de selvagens é igual a qualquer outro."[11] Mas o mundo aprendeu bastante desde o tempo do doutor Johnson; e os registros da vida selvagem, que o sábio da Bolt Court destinou, sem escrúpulos, aos ratos e camundongos, agora têm seu lugar entre os mais preciosos arquivos da humanidade. Seu destino tem sido o mesmo dos Livros Sibilinos. Foram negligenciados e desprezados quando poderiam ter sido obtidos completos; e, agora, homens sábios pagariam mais que o resgate oferecido por um rei pelos seus restos miseravelmente mutilados e imperfeitos.[12] É verdade que, antes de nosso tempo, homens civilizados freqüentemente viam os selvagens com interesse e os descreviam de forma inteligente, e algumas de suas descrições ainda são de grande valor científico. Por exemplo, a descoberta da América naturalmente excitou nas mentes dos povos europeus uma ardente curiosidade sobre os habitantes do novo mundo, que haviam surgido subitamente diante de seus olhos pasmados como se, a um movimento da varinha de um mago, a cortina do céu ocidental tivesse subitamente se fendido e desvelado cenas de glamour e encantamento. Assim, alguns dos espanhóis que exploraram e conquistaram esses reinos de maravilha legaram-nos relatos das maneiras e costumes dos índios que, pela precisão e riqueza de detalhes, provavelmente ultrapassam qualquer registro anterior de uma raça alienígena. Tal é, por exemplo, o grande trabalho do frei franciscano Sahagún sobre os nativos do México, e o trabalho de Garcilaso de la Vega, ele mesmo um meio-inca, sobre os incas do Peru.[13] Assim também, a exploração do Pacífico no século XVIII, revelando-nos ilhas legendárias espalhadas em profusão sobre um mar de verão eterno, atraiu os olhos e atiçou a imaginação da Europa; e à curiosidade assim despertada em muitas mentes - embora não na do doutor Johnson - devemos algumas preciosas descrições dos ilhéus que, naqueles tempos de navios a vela, pareciam estar a tamanha distância de nós que o poeta Cowper (autor de *The Task*),[14] fantasiou que seus mares poderiam nunca mais vir a ser cortados por quilhas inglesas.[15]

Esses e muitos outros antigos relatos sobre os selvagens devem reter sempre seu interesse e valor para o estudo da Antropologia Social, principalmente porque põem diante de nós os nativos em seu estado natural não-sofisticado, antes que as maneiras e os costumes primitivos tivessem sido alterados ou destruídos pela influência européia. Ainda assim, à luz de pesquisas subseqüentes, esses primeiros registros freqüentemente se revelam muito defeituosos, porque os autores, desprevenidos da importância científica de fatos que, para o observador comum, podem parecer triviais ou repugnantes, passaram em total silêncio por cima de muitas coisas do maior interesse, ou então as desprezaram, tantalizando-nos com apenas uma breve alusão. Daí que seja necessário suplementar os relatos dos primeiros escritores com uma investigação minuciosa e esmerada dos selvagens vivos, a fim de preencher, se possível, os muitos hiatos abismais existentes em nosso conhecimento. Infelizmente, nem sempre isso pode ser feito, dado que muitos selvagens foram totalmente exterminados ou tão modificados pelo contato com os europeus que já não é mais possível obter informações confiáveis sobre seus antigos hábitos e tradições. Quando quer que costumes e crenças antigos de uma raça primitiva tenham desaparecido sem deixar registro, um documento da história humana terá irrecuperavelmente perecido. Infelizmente, essa destruição dos arquivos, como podemos chamá-los, continua a passos rápidos. Em alguns lugares – por exemplo, na Tasmânia –, o selvagem já foi extinto; em outros, como na Austrália, está morrendo. Em outras partes, como, por exemplo, no centro e no sul da África, onde as quantidades e o vigor inato da raça mostram pouco ou nenhum sinal de estarem sucumbindo na luta pela existência, a influência de comerciantes, funcionários e missionários está tão rapidamente desintegrando e apagando os costumes nativos que, quando a geração mais velha tiver morrido, mesmo a memória deles logo irá desaparecer em muitos lugares. É, portanto, uma questão da mais urgente importância científica garantir, sem mais demora, plenos e precisos registros desses povos que se encontram perecendo ou mudando; fazer cópias permanentes, por assim dizer, desses preciosos monumentos antes que sejam destruídos. Ainda não é tarde demais. Muito ainda pode ser aprendido, por exemplo, na Austrália Ocidental, na Nova Guiné, na Melanésia, na África Central, entre as tribos das montanhas da Índia e com os índios da floresta amazônica. Ainda há tempo de enviar expedições a essas regiões, de financiar homens no local, familiarizados com as línguas dos nativos e que deles tenham a confiança; pois existem tais homens que possuem ou podem obter exatamente o conhecimento de que precisamos, mas que, inconscientes ou descuidados de seu inestimável valor para a ciência, não fazem nenhum esforço para preservar o tesouro para a posteridade, e, se não formos rapidamente em seu resgate, perecerão junto com eles. No conjunto total do conhecimento humano hoje existente, não há necessidade mais urgente do que a de registrar essa inestimável evidência da história primitiva do homem antes que seja tarde demais. Pois logo, muito logo, as oportunidades que ainda temos terão desaparecido para sempre. Em mais um quarto de século, provavelmente restará pouco ou nada da velha vida selvagem para registrar. O selvagem, tal como ainda podemos vê-lo, estará tão extinto quanto o pássaro dodô. As areias estão caindo rapidamente na ampulheta; a hora logo soará; o registro será fechado; o livro será selado. E que imagem farão de nós, desta geração, quando estivermos nas barras dos tribunais da posteridade sob a acusação de alta traição à nossa raça – nós, que negligenciamos o estudo de nossos companheiros que pereciam, mas enviamos onerosas expedições para observar as estrelas e explorar as inóspitas regiões aprisionadas nos gelos polares, como se o gelo polar fosse se derreter e as estrelas cessar de brilhar quando lhes voltássemos as costas? Acordemos de nosso sono, acendamos nossas lâmpadas, preparemo-nos para agir. As Universidades existem para o avanço do conhecimento. É obrigação sua acrescentar esse novo terreno aos antigos departamentos do saber que tão diligentemente cultivam. Cambridge, para sua honra, abriu o caminho equipando e enviando expedições antropológicas; que Oxford, Liverpool e todas as Universidades no país se juntem nesse trabalho.

Mais que isso: é uma obrigação pública de todo Estado esclarecido cooperar ativamente. Nesse aspecto, os Estados Unidos da América, criando um *bureau* para o estudo dos aborígines dentro de seus domínios, deram um exemplo a ser imitado por toda nação esclarecida que governa raças inferiores. Sobre nenhuma delas essa obrigação, essa responsabilidade, recai mais clara e mais pesadamente que sobre nós mesmos, pois a nenhum Estado, em todo o curso da história humana, foi dado o cetro sobre tantas e tão diversas raças de homens. Fizemos de nós os guardiões de nosso irmão. Ai de nós, se negligenciarmos nossa obrigação para com ele! Não nos é suficiente governar com justiça os povos que subjugamos pela espada. Devemos a eles, devemos a nós mesmos, devemos à posteridade que pedirá isso de nós, a descrição de como eram antes que os encontrássemos, antes que pela primeira vez vissem a bandeira inglesa e ouvissem, para o bem ou para o mal, a língua inglesa. A voz da Inglaterra fala aos povos seus súditos em outro tom que não o do trovão de suas armas. A paz tem seus triunfos, assim como a guerra: há troféus mais nobres que bandeiras e canhões capturados. Há monumentos, monumentos intangíveis, monumentos de palavras que parecem tão fugazes e evanescentes, mas que, ainda assim, continuarão existindo quando seus canhões tiverem se desintegrado e suas bandeiras se desfeito em pó. Quando o poeta romano quis apresentar uma imagem da perpetuidade, disse que seria lembrado enquanto durasse o Império Romano, enquanto a procissão de Vestais e Sacerdotes, em suas túnicas brancas, subisse o Capitólio para orar no templo de Júpiter. Aquela solene procissão há muito deixou de subir a colina do Capitólio, o próprio Império Romano há muito desapareceu, bem como o império de Alexandre, o império de Carlos Magno, o império da Espanha, mas, ainda assim, entre os escombros dos impérios permanece, sólido, o monumento do poeta, pois seus versos ainda são lidos e lembrados. Apelo às Universidades, apelo ao Governo deste país para que se unam na construção de um monumento do Império Britânico, um monumento beneficente, um monumento

> "Que nem a chuva erosiva nem o furioso vento norte
> poderá destruir, nem mesmo a inumerável
> série dos anos ou a fuga do tempo."[16]

NOTAS

[1] Palestra proferida na Universidade de Liverpool, em 14 de maio de 1908.

[2] Quadra 73 do *Rubaiyat*, escrito no início do século XII pelo poeta persa Omar Khayyam, segundo tradição inglesa de Edward Fitzgerald, publicada pela primeira vez em 1859. "Ah Love! Could you and I with Him (*Fate*, no original de Fitzgerald) conspire/To grasp this sorry Scheme of Things entire,/Would we not shatter it to bits - and then/Re-mould it nearer to the Heart's desire!". (N.T.)

[3] William Whiston (1667-1752), matemático e religioso inglês; Dr. Primrose, personagem do romance *The Vicar of Wakefield*, de Oliver Goldsmith (1728-1774). (N.T.)

[4] Isso aconteceu em Ballyvadlea, no condado de Tipperary, em março de 1895. Para detalhes da evidência apresentada no julgamento do assassino, ver "The 'Witch-burning' in Clonmel", *Folk-lore*, vi. (1895) p.373-84.

[5] Isso aconteceu em Norwich, em junho de 1902. Ver *The People's Weekly Journal for Norfolk*, 19 de julho de 1902, p.8.

[6] Digo "*uma* minoria esclarecida" porque, em qualquer comunidade grande, há sempre muitas minorias, e algumas delas estão muito longe de serem esclarecidas. É possível estar abaixo ou acima do nível médio de nossos companheiros.

[7] E. Renan e M. Berthelot, *Correspondence*, (Paris, 1898), p.75 e seguintes. [Trata-se de Ernest Renan (1823-1892), filologista, historiador e crítico francês, e Pierre Eugene Marcelin Berthelot (1827-1907), químico francês. (N.T.)]

[8] Alusão ao profeta Daniel, chamado a interpretar um sonho do rei Nabucodonosor depois de nisso haverem falhado todos os sábios do reino. (N.T.)

[9] Dr. Samuel Johnson, biografado por J. Boswell em *Life of Samuel Johnson*, publicado pela primeira vez em 1791. Johnson era uma figura dominante na cena literária no final do século XVIII. (N.T.)

[10] William Bligh, *A Voyage to the South Sea ... for the Purpose of Conveying the Bread Fruit Tree to the West Indies, in His Majesty's Ship the* Bounty (Londres: George Nicol, 1792). O relato do motim no *Bounty* foi publicado antes do livro, em 1790. (N.T.)

[11] *Life of Samuel Johnson*, (Londres, ed. 1822), iv. 315.

[12] Sobre os Livros Sibilinos: uma Sibila (profetisa) quis vender ao imperador nove livros que continham todo o conhecimento do futuro. Ele achou alto o preço, e não quis comprar. Ela queimou três, voltou com os restantes e pediu o mesmo preço. Ele recusou, e ela queimou mais três. Voltando com os últimos, pediu, novamente, o mesmo preço. Intrigado, o imperador comprou os livros, e, ao examiná-los, lamentou todo o conhecimento irremediavelmente perdido. (N.T.)

[13] Bernardino de Sahagún, franciscano espanhol, viveu a maior parte de sua vida no México, onde escreveu, entre 1547 e 1577, os doze livros da *Historia general de las cosas de Nueva España*. Garcilaso de la Vega nasceu em Cuzco, Peru, filho de um conquistador espanhol e uma princesa inca. Escreveu os *Comentarios Reales de los Incas* (1609-1617). (N.T.)

[14] William Cowper (1731-1800) publicou *The Task* em 1785. (N.T.)

[15] "In boundless oceans, never to be passed/ By navigators uniform'd as they,/ Or plough'd perhaps by British bark again." *The Task*, livro I, p.629 e seguintes. ("Em infindáveis oceanos, de novo fechados/ A navegantes como eles uniformizados/ E por barcos ingleses talvez não mais cortados.")

[16] Versos de Horácio, em latim no original: "Quod non imber edax, non Aquilo impotens/ possit diruere, aut innumerabilis/ annorum series, et fuga temporum." (N.T.)